Die TOP 45 Klausurfälle Grundrechte

2024

Ralf Altevers
Rechtsanwalt und Repetitor

ALPMANN UND SCHMIDT Juristische Lehrgänge Verlagsges. mbH & Co. KG
48143 Münster, Alter Fischmarkt 8, 48001 Postfach 1169, Telefon (0251) 98109-0
AS-Online: www.alpmann-schmidt.de

Altevers, Ralf
Die TOP 45 Klausurfälle
Grundrechte
13. Auflage 2024
ISBN: 978-3-86752-919-8

Alpmann und Schmidt Juristische Lehrgänge
Verlagsgesellschaft mbH & Co. KG, Münster

Unterstützen Sie uns bei der Weiterentwicklung unserer Produkte.
Wir freuen uns über Anregungen, Wünsche, Lob oder Kritik an:
feedback@alpmann-schmidt.de

Benutzerhinweise

Die Reihe „Klausurfälle" ermöglicht sowohl den Einstieg als auch die Wiederholung des jeweiligen Rechtsgebiets **anhand von Klausurfällen**. Denn unser Gehirn kann **konkrete Sachverhalte** besser speichern als abstrakte Formeln. Während des Studiums besteht die Gefahr, dass man zu abstrakt lernt, sich verzettelt und letztlich gänzlich den Überblick über das wirklich Wichtige verliert.

Ferner erfordern juristische Prüfungsaufgaben regelmäßig das Lösen von konkreten Fällen. Hier musst Du dann beweisen, dass Du das Erlernte auf den konkreten Fall anwenden kannst und die spezifischen Probleme des Falles entdeckt hast. Außerdem musst Du zeigen, dass Du die richtige Mischung zwischen Gutachten- und Urteilsstil beherrschst und an den Problemstellen überzeugend argumentieren kannst. Diese Fähigkeiten vermittelt unser „Basiswissen **Methodik der Fallbearbeitung** – Wie schreibe ich eine Klausur?".

Nutze die jahrzehntelange Erfahrung unseres Repetitoriums. Seit mehr als 60 Jahren wenden wir konsequent die **Fallmethode** an. Denn ein **prüfungsorientiertes Lernen** muss „hart am Fall" ansetzen. Da wir nicht nur Skripten herausgeben, sondern auch in mündlichen Kursen Studierende ausbilden, wissen wir aus der täglichen Praxis, „wo der Schuh drückt".

Die Lösung der „Klausurfälle" ist kompakt und vermeidet – so wie es in einer Klausurlösung auch sein soll – überflüssigen, dogmatischen „Ballast". Die Lösungen sind komplett **durchgegliedert** und im **Gutachtenstil** ausformuliert, wobei die unproblematischen Stellen unter Beachtung des Urteilsstils kurz ausfallen – so wie es **gute Klausurlösungen** erfordern.

Beispiele für die Gewichtung der **Punktvergabe** in einer Semesterabschlussklausur findest Du hier:

t1p.de/1vc0

t1p.de/pufr

t1p.de/enyx

Wir vermitteln in der Reihe „Klausurfälle" die Wissensanwendung. Sie **ersetzt nicht die Erarbeitung der gesamten Rechtsmaterie** und ihrer Struktur. Übergreifende Aufbauschemata findest Du in unseren „Aufbauschemata". Ferner empfehlen wir Dir unser „Basiswissen" für den erfolgreichen Start ins jeweilige Rechtsgebiet: verständlich dargestellt und durch zahlreiche **Beispiele, Übersichten und Prüfungsschemata** anschaulich vermittelt.

Leseproben und Bestellungen:
shop.alpmann-schmidt.de

Eine darauf aufbauende Darstellung des Stoffes auf Examensniveau liefern unsere „Skripten". Sofern die RÜ zitiert wird, handelt es sich um unsere Zeitschrift „RechtsprechungsÜbersicht", in der monatlich aktuelle, examensverdächtige Fälle **klausurmäßig** gelöst erscheinen.

Viel Erfolg!

Inhaltsverzeichnis

1. Teil: Allgemeine Grundrechtslehren

Fall 1: Grundrechtsberechtigung/Grundrechtsfähigkeit – postmortaler Persönlichkeitsschutz

F vertreibt u.a. Fotokopiergeräte. Sie schaltete mehrfach eine Zeitungsanzeige für ein Fotokopiergerät, in der unter der Überschrift „Vom Blauen Engel schwärmen, genügt uns nicht" die Umweltfreundlichkeit des Gerätes hervorgehoben wurde. Am Ende des Textes folgte eine Kopie des landläufig als „Blauer Engel" bezeichneten Umweltzeichens. Neben dem Text befand sich eine Fotografie, auf der eine bekannte Szene aus dem Film „Der blaue Engel" mit Marlene Dietrich von einer ähnlich gekleideten Person nachgestellt wurde. Zum Zeitpunkt der Werbekampagne war Marlene Dietrich bereits verstorben. Ihre Tochter T ist ihre Alleinerbin und ihr einziges Kind. Sie hatte der Verwendung des Bildes nicht zugestimmt.

T verklagte die F zivilgerichtlich auf den Ersatz von Vermögensschäden wegen der Verletzung des postmortalen Persönlichkeitsrechtes ihrer verstorbenen Mutter. F meint, dass nur lebende Menschen Träger von Grundrechten sind. Trifft diese Auffassung zu?

Die Auffassung der F trifft zu, wenn die **Grundrechtsfähigkeit** auf lebende Menschen beschränkt ist.

I. Grundsätzlich gelten die Grundrechte nur von der Geburt bis zum Tode. Das allgemeine Persönlichkeitsrecht enthält jedoch eine Komponente, die über den Tod hinausreicht. Insofern wird die Grundrechtsfähigkeit erweitert.

II. Die in **Art. 1 Abs. 1 GG** aller staatlichen Gewalt auferlegte Verpflichtung, dem Einzelnen Schutz gegen Angriffe auf seine **Menschenwürde** zu gewähren, endet nicht mit dem Tod. Es ist mit dem verfassungsverbürgten Verbot der Unverletzlichkeit der Menschenwürde unvereinbar, wenn der Mensch, **dem Würde kraft seines Personseins zukommt**, in diesem allgemeinen Achtungsanspruch auch nach seinem Tode herabgewürdigt oder erniedrigt werden dürfte (sog. Mephisto-Beschluss des Bundesverfassungsgerichts [BVerfG]). Dementsprechend endet die in Art. 1 Abs. 1 GG aller staatlichen Gewalt auferlegte Verpflichtung, dem Einzelnen Schutz gegen Angriffe auf seine Menschenwürde zu gewähren, nicht mit dem Tode (sog. „postmortales Persönlichkeitsrecht"), sondern erst nach Ablauf eines angemessenen Zeitraums (vgl. z.B. § 22 S. 2 KunstUrhG, wonach eine Veröffentlichung bis zum Ablauf von zehn Jahren der Einwilligung bedarf).

III. Ein Verstorbener wird allerdings nicht durch das Grundrecht der freien Entfaltung der Persönlichkeit aus **Art. 2 Abs. 1 GG** geschützt, weil Träger dieses Grundrechts nur lebende Personen sind. Demzufolge sind die Schutzwirkungen des verfassungsrechtlichen postmortalen Persönlichkeitsrechts nicht identisch mit denen, die sich aus Art. 2 Abs. 1 i.V.m. Art. 1 Abs. 1 GG für den Schutz lebender Personen ergeben. **Postmortal** geschützt wird zum einen der allgemeine Achtungsanspruch, der dem Menschen kraft seines Personseins zusteht, zum anderen der sittliche, personale und soziale Geltungswert, den die Person durch ihre eigene Lebensleistung erworben hat.

IV. Die **kommerzielle** Ausbeutung der Persönlichkeit eines Verstorbenen kann die Menschenwürde verletzen, wenn Persönlichkeitsbestandteile kommerziell so ausgenutzt werden, dass der Achtungsanspruch der Person beeinträchtigt wird, etwa durch eine erniedrigende oder entstellende Werbung. In anderen Fällen tastet die kommerzielle Ausbeutung der Persönlichkeit eines Verstorbenen zu Werbezwecken dessen Menschenwürde regelmäßig nicht an.

V. Die Fotografie, auf der eine bekannte Szene aus dem Film „Der blaue Engel" mit Marlene Dietrich von einer ähnlich gekleideten Person nachgestellt wurde, enthält eine solche erniedrigende oder entstellende Werbung nicht. Der Achtungsanspruch der verstorbenen Marlene Dietrich wird nicht beeinträchtigt. Insofern ist nicht der über den Tod hinaus geltende Würdeanteil betroffen, sondern es sind lediglich die als Teil der freien Entfaltung der Persönlichkeit (Art. 2 Abs. 1 GG) geschützten kommerziellen Interessen betroffen, die aber nicht postmortal wirken.

Ergebnis: Die Auffassung der F trifft zwar nicht zu. Die von T geltend gemachte Verletzung des postmortalen Persönlichkeitsrechts liegt aber ebenfalls nicht vor.

Anmerkung: *Unabhängig von dieser die Grundrechte betreffenden Frage ist es möglich,* ***einfach-gesetzlich*** *einen postmortalen Schutz der vermögenswerten Bestandteile des Persönlichkeitsrechtes zu entwickeln. So ist in der Rechtsprechung des BGH anerkannt, dass die vermögenswerten Bestandteile des Persönlichkeitsrechtes* ***vererblich*** *sind und die entsprechenden Befugnisse gemäß § 1922 BGB auf den Erben übergehen. Dieser kann Schadensersatzansprüche gemäß § 823 Abs. 1 BGB („sonstige Rechte") geltend machen.*

Fall 2: Grundrechtsbindung – Juristische Personen des Privatrechts

E ist Einwohner der Gemeinde G im Kreis K. Er ist auf die überregional angelegte Werbung des im benachbarten Kreis L gelegenen Freizeitbades aufmerksam geworden und nutzt seine räumliche Nähe zu einem Besuch. Das Freizeitbad wird von der F-GmbH betrieben. Einzige Gesellschafterin der F-GmbH ist der örtliche Fremdenverkehrsverband. Dieser ist als Zweckverband eine Körperschaft des öffentlichen Rechts, dessen Mitglieder wiederum der Kreis L sowie fünf Gemeinden des Kreises sind. Am Einlass des Freizeitbades erfährt E, dass er den regulären Eintrittspreis von 8 € entrichten muss, während Anwohnern der Gemeinden, welche Mitglieder des Zweckverbandes sind, ein Nachlass von ca. 30 % gewährt wird. Für sie beträgt der Eintrittspreis nur 5,50 €.

E sieht sich durch diese Preisgestaltung in seinem Grundrecht aus Art. 3 Abs. 1 GG verletzt. Er ist der Auffassung, dass auch er in den Genuss des Preisnachlasses kommen müsse. Unterschiedliche Preise stellen aus seiner Sicht eine nicht zu rechtfertigende Ungleichbehandlung dar. F entgegnet, dass sie als privatrechtliche GmbH gar nicht an die Grundrechte gebunden sei. Schließlich gelte im Privatrecht die Privatautonomie. Ist die F-GmbH an die Grundrechte gebunden?

Eine Grundrechtsverletzung des E durch die Preisgestaltung der F-GmbH kommt nur in Betracht, wenn die Grundrechte im Verhältnis der beiden Privaten (E – F-GmbH) überhaupt anwendbar sind.

I. Nach **Art. 1 Abs. 3 GG** binden die Grundrechte die Gesetzgebung, die vollziehende Gewalt und die Rechtsprechung als **unmittelbar** geltendes Recht. Allerdings rügt E eine Verletzung seiner Grundrechte durch die Preisgestaltung der F-**GmbH**, einer **juristischen Person des Privatrechts**, und nicht die Verletzung seiner Grundrechte unmittelbar durch den Staat, wobei zu berücksichtigen ist, dass **einzige Gesellschafterin** der F-GmbH der Zweckverband als **Körperschaft des öffentlichen Rechts** ist.

II. Die Grundrechte gelten nicht nur für bestimmte Bereiche, Funktionen oder Handlungsformen staatlicher Aufgabenwahrnehmung, sondern **binden die staatliche Gewalt umfassend und insgesamt**. Der Staat und andere Träger öffentlicher Gewalt können im Rahmen ihrer Zuständigkeiten zwar auch am Privatrechtsverkehr teilnehmen. Sie handeln dabei jedoch stets in Wahrnehmung ihres dem Gemeinwohl verpflichteten Auftrags, sodass ihre unmittelbare Bindung an die Grundrechte weder von der Organisationsform, in der sie dem Bürger gegenübertreten, noch von der Handlungsform abhängt.

Dabei hat die Wahl der Organisationsform keine Auswirkungen auf die Grundrechtsbindung des Staates oder anderer Träger öffentlicher Gewalt. Das gilt nicht nur dann, wenn sie ihre Aufgaben unmittelbar selbst oder mittelbar durch juristische Personen des öffentlichen Rechts erfüllen, sondern auch dann, wenn sie auf privatrechtliche Organisationsformen zurückgreifen. In diesen Fällen trifft die Grundrechtsbindung nicht nur die dahinterstehende Körperschaft des öffentlichen Rechts, sondern **auch unmittelbar** die juristische Person des Privatrechts selbst.

III. Die Grundrechtsbindung der öffentlichen Gewalt gilt auch **unabhängig von den gewählten Handlungsformen und den Zwecken**, zu denen sie tätig wird. Sobald der Staat oder andere Träger öffentlicher Gewalt eine Aufgabe an sich ziehen, sind sie bei deren Wahrnehmung an die Grundrechte gebunden. Dies gilt auch, wenn sie insoweit auf das Zivilrecht zurückgreifen.

Eine **Flucht aus der Grundrechtsbindung** in das Privatrecht mit der Folge, dass der Staat unter Freistellung von Art. 1 Abs. 3 GG als Privatrechtssubjekt zu begreifen wäre, ist ihm verstellt.

Ergebnis: Die F-GmbH ist daher grundrechtsgebunden.

Anmerkung: *Dies gilt jedenfalls dann, wenn die juristischen Personen des Zivilrechts im Alleinbesitz von Hoheitsträgern stehen. Umstritten ist dagegen bis heute, ob eine Grundrechtsbindung auch dann zu bejahen ist, wenn sich der Hoheitsträger nur beteiligt (gemischt-wirtschaftliche Unternehmen). Hier wird teilweise eine Grundrechtsbindung entgegen der Rechtsprechung des BVerfG verneint.*

Fall 3: Grundrechtsbindung – Gelten Grundrechte auch für Ausländer im Ausland?

Nach dem Gesetz über den Bundesnachrichtendienst (BNDG), insbesondere den §§ 6 und 7, darf der Bundesnachrichtendienst (BND) eine strategische Fernmeldeaufklärung betreiben. Dabei durchforstet der BND ohne konkreten Verdacht große Datenströme auf interessante Informationen. Der BND gewinnt durch die Fernmeldeaufklärung einen ganz erheblichen Teil seiner Informationen. Vor allem für Erkenntnisse aus Regionen, in denen die Gewinnung menschlicher Quellen schwierig und besonders gefährlich sei, sei der BND auf die Fernmeldeaufklärung angewiesen. Der BND soll die Bundesregierung schnell mit Informationen aus dem Ausland versorgen, damit sie außenpolitische Entscheidungen treffen kann.

J ist ausländischer Journalist und Menschenrechtler und arbeitet investigativ im Bereich Korruption und Terrorismus. Er befürchtet, dass er in den Fokus des BND gerät und fürchtet insbesondere auch um den Schutz seiner Informanten.

J hält die Regelungen des BNDG für verfassungswidrig (Verletzung von Art. 10 GG und Art. 5 Abs. 1 S. 2 GG – Pressefreiheit), da insbesondere keine ausdrückliche Befugnisnorm zur Erhebung personenbezogener Daten vom Ausland aus geregelt sei. Der Gesetzgeber geht dagegen davon aus, dass es hierfür einer Eingriffsgrundlage nicht bedürfe und Datenerhebungen allein auf die Aufgabennorm in § 1 Abs. 2 BNDG gestützt werden könnten, weil hier keine Bindung an die Grundrechte des Grundgesetzes bestehe. Der Staat wäre nicht an Grundrechte gebunden, wenn Ausländer im Ausland betroffen wären.

Trifft diese Auffassung zu?

I. Nach Art. 1 Abs. 3 GG binden die Grundrechte die **Gesetzgebung**, die **vollziehende Gewalt** und die **Rechtsprechung** als unmittelbar geltendes Recht. Fraglich ist insofern, ob diese Bindung auch für Ausländer und dann auch im Ausland gilt.

II. Die **Grundrechtsbindung des Staates** korrespondiert mit einer **Grundrechtsberechtigung** derjenigen, die durch die jeweiligen Grundrechtsgarantien geschützt werden. Das Grundgesetz unterscheidet zwischen den „Deutschen- oder Bürgerrechten", die nur für Deutsche gelten, und den sog. „Jedermann- Grundrechten oder **Menschenrechten**". Diese Grundrechte ohne einen personalen Bezug (wie z.B. Art. 5 Abs. 1 S. 2 GG, Art. 10 GG) gelten auch für Ausländer.

III. Die Grundrechtsbindung des Staates gegenüber Ausländern (soweit Jedermann-Grundrechte betroffen sind) könnte aber **auf das deutsche Staatsgebiet** beschränkt sein.

1. Gegen eine Beschränkung der Bindung des Staates an die deutschen Grundrechte auf das deutsche Staatsgebiet spricht bereits der **Wortlaut** des Art. 1 Abs. 3 GG. Danach binden die Grundrechte die Staatsgewalt, ohne dass diese Bindung territorial beschränkt wäre.

2. Für eine Bindung des Staates an die Grundrechte **auch im Ausland** spricht auch die **historische** Auslegung. Art. 1 Abs. 3 GG zielte insbesondere in Reaktion auf die nationalsozialistische Gewalt- und Willkürherrschaft auf eine umfassende, in der Menschenwürde wurzelnde Grundrechtsbindung und war bereits 1949 in die Überzeugung eingebettet, dass die Bundesrepublik in der internationalen Staatengemeinschaft ihren Platz als rechtsstaatlicher Partner finden müsse. Dies kommt auch in der **Präambel** sowie in **Art. 1 Abs. 2 GG** und Art. 24 und 25 GG zum Ausdruck. Insbesondere Art. 1 Abs. 2 GG spricht von den **unverletzlichen und unveräußerlichen Menschenrechten**. Dies spricht für einen allumfassenden Schutz der Menschenrechte durch die deutsche Verfassung.

3. Letztlich entspricht eine Grundrechtsbindung der deutschen Staatsgewalt bei einem Handeln gegenüber Ausländern im Ausland auch der **Einbindung der Bundesrepublik Deutschland** in die **internationale Staatengemeinschaft**.

Dass die Grundrechte des Grundgesetzes mit der Gewährleistung der Menschenrechte verknüpft sind, zeigt auch die ständige Rechtsprechung des BVerfG, nach der die Grundrechte des Grundgesetzes **im Lichte der internationalen Menschenrechtsverbürgungen** auszulegen sind. Mit dieser Verknüpfung der Grundrechte und der Gewährleistung der Menschenrechte wäre ein Verständnis der Grundrechte des Grundgesetzes, das deren Geltung an der Staatsgrenze enden lässt und deutsche Stellen gegenüber Ausländern im Ausland von ihrer Verpflichtung auf die Grund- und Menschenrechte entbindet, nicht vereinbar.

Gleiches gilt für die ständige Rechtsprechung des BVerfG wonach die **Europäische Menschenrechtskonvention** bei der Auslegung der Grundrechte heranzuziehen ist.

4. Gegen eine Grundrechtsbindung deutscher Staatsgewalt für Ausländer im Ausland könnte noch sprechen, dass dann eine Abgrenzung zu den Handlungen der auswärtigen Staaten und deren Rechtsordnung notwendig wäre. Dabei ist jedoch zu bedenken, dass die Bindung an die deutschen Grundrechte nur eine Verantwortlichkeit und Verantwortung deutscher Staatsorgane begründet. Entsprechend wirken die Grundrechte als Abwehrrechte auch im Ausland **nur** gegenüber der deutschen Staatsgewalt, nicht aber gegen den ausländischen Staat.

Ergebnis: Danach binden die Grundrechte des Grundgesetzes den Bundesnachrichtendienst und den seine Befugnisse regelnden Gesetzgeber unabhängig davon, ob der Dienst im Inland oder Ausland tätig ist. Der Gesetzgeber ist danach an Art. 5 Abs. 1 S. 2 GG und Art. 10 GG gebunden.

Anmerkung: *Das BVerfG hat in der zugrunde liegenden Entscheidung (klausurmäßig aufbereitet in unserer monatlich erscheinenden Ausbildungszeitschrift RechtsprechungsÜbersicht – RÜ 2020, 452) ausdrücklich angemerkt, dass sich die Bindung der Grundrechte anders darstellen könnte, wenn es nicht um die* ***Abwehrfunktion*** *der Grundrechte ginge, sondern um die Funktion als Leistungs-/Teilhabe- oder Schutzrechte.*

2. Teil: Freiheitsgrundrechte

Fall 4: Art. 1 GG – Menschenwürde

Professor P zeigt in seiner Ausstellung „Körperwelten" als Ausstellungsobjekte tote Menschen. Diese wurden durch Plastination konserviert. Während einige Exponate wissenschaftlich neutral gezeigt werden, werden andere Körper „künstlerisch verfremdet" dargestellt. Insbesondere werden diese Exponate in „normalen" Lebenssituationen gezeigt.

Die Körper wurden P von den Betroffenen schon zu Lebzeiten im Wege einer „Körperspende" zur Verfügung gestellt. Verletzt die Ausstellung die Menschenwürde?

Das Zurschaustellen der plastinierten Körper könnte die durch Art. 1 Abs. 1 GG geschützte Menschenwürde verletzen. Dann müsste ein Eingriff in den Schutzbereich des Art. 1 GG vorliegen, der verfassungsrechtlich nicht gerechtfertigt ist.

Es muss ein **Eingriff in den Schutzbereich** des Art. 1 Abs. 1 GG gegeben sein. Nach Art. 1 Abs. 1 GG ist die Würde des Menschen unantastbar.

1. Dabei ist zunächst fraglich, ob dem Toten überhaupt noch das Grundrecht der Menschenwürde zusteht, ein **Toter** also **grundrechtsfähig** ist. Grundsätzlich ist nur der lebende Mensch grundrechtsfähig. Allerdings würde es mit dem Gebot der Unverletzlichkeit der Menschenwürde unvereinbar sein, wenn der „Mensch, dem Würde kraft seines Personseins zukommt, in diesem allgemeinen Achtungsanspruch nach seinem Tode herabgewürdigt und erniedrigt werden dürfte".[1] Das heißt, dass der Mensch auch nach dem Tode nicht zum bloßen Anschauungsobjekt gemacht oder einer Behandlung ausgesetzt werden darf, die seine Subjektsqualität prinzipiell infrage stellt.[2]

Vgl. zur Grundrechtsfähigkeit Verstorbener auch Fall 42 „Mephisto"

Insofern steht auch dem Verstorbenen das Grundrecht der Würde des Menschen zu.

2. Die Darstellung der plastinierten Körper müsste aber auch die **Würde antasten**.

a) Der Begriff der Menschenwürde ist vom BVerfG in früheren Entscheidungen nach der sog. **Objektformel** beurteilt worden. Danach widerspricht es der Würde des Menschen, wenn er zum bloßen Objekt staatlichen Handelns gemacht wird.

Beachte: Während ein Eingriff in die anderen Grundrechte nicht automatisch eine Verletzung des Grundrechtes darstellt, darf die Menschenwürde nicht **angetastet** werden, sodass jeder Eingriff zugleich eine Verletzung bedeutet.

In neuerer Zeit hat das BVerfG die Auslegung des Begriffs Menschenwürde allein anhand der Objektformel aufgegeben und mehr auf die **Umstände des Einzelfalles und auf bestimmte Fallgruppen** abgestellt. Danach ist Voraussetzung für eine Würdeverletzung, dass der Betroffene einer Behandlung ausgesetzt wird, die seine Subjektqualität prinzipiell infrage stellt, oder dass in der Behandlung im konkreten Fall eine willkürliche Missachtung der Würde des Menschen liegt. Die Behandlung des Menschen

1 BVerfGE 30, 173 (Mephisto).
2 BVerfGE 27, 1; 50, 166.

muss also, wenn sie die Menschenwürde berühren soll, Ausdruck der Verachtung des Wertes, der dem Menschen kraft seines Personseins zukommt, also eine in diesem Sinne verächtliche Behandlung sein.

b) Hinsichtlich der wissenschaftlich neutralen, anatomischen Darstellung ist zu bedenken, dass die anatomische Darstellung lebloser menschlicher Körper eine gängige Umgangsform darstellt. Durch die anonymisierte Form der Darstellung wird das Andenken an eine bestimmte Person nur am Rande betroffen. Vielmehr sollen durch die Präsentation des Körpers der Körperaufbau, die Funktionen des Körpers und die Lage der menschlichen Organe verdeutlicht werden. Damit wird durch die anatomische Art der Anschauung eine klare Trennung zwischen dem Körper und der Persönlichkeit des Toten vollzogen. Demzufolge sind die Toten in ihrem Achtungsanspruch insoweit nicht betroffen.

c) Etwas anderes könnte bezüglich der künstlerisch verfremdeten Präsentation der Körper in „normalen" Lebenssituationen gelten. Insofern dient die Darstellung nicht mehr reinen Lehrzwecken, sondern wird eher provokativ verstanden. Dabei ist aber zu berücksichtigen, dass die Betroffenen noch zu Lebzeiten einer solchen Verwendung ihres Körpers zugestimmt haben. Gerade dieser geäußerte Wunsch ist Ausdruck der Person als Subjekt. Soweit sich die Darstellung im Rahmen dieses Wunsches hält und nicht aus anderen Gründen als herabwürdigend einzuordnen ist, ist der Achtungsanspruch der Verstorbenen auch nicht verletzt.[3]

Ergebnis: Die Ausstellung der leblosen Körper stellt demzufolge nicht eine Antastung der Menschenwürde i.S.d. **Art. 1 Abs. 1 GG dar. Art. 1 GG ist folglich nicht verletzt**.

3 BayVGH RÜ 2003, 369.

Fall 5: Art. 2 Abs. 1 GG – Elfes

Herr E, der seit längerer Zeit als Kommunal- und Landespolitiker tätig war, äußerte sich als führendes Mitglied der Partei „Bund der Deutschen" Anfang der 1950er Jahre mehrfach im In- und Ausland. Er und seine Partei traten vehement gegen die deutsche Wiedervereinigungs- und Wehrpolitik ein.

Als E die Verlängerung seines Reisepasses beantragte, wurde dies mit der Begründung abgelehnt, der E gefährde durch sein Auftreten im Ausland erhebliche Belange der Bundesrepublik Deutschland. Gestützt wurde dies auf § 7 Abs. 1 Nr. 1 PaßG.

Ist E in seinen Grundrechten verletzt?

Bearbeiterhinweis: § 7 PaßG ist formell und materiell verfassungsgemäß.

A. E könnte durch die Versagung der Passverlängerung in seinem **Grundrecht auf Freizügigkeit aus Art. 11 GG** verletzt sein. Danach genießen alle Deutschen Freizügigkeit **im ganzen Bundesgebiet**. E kann auch ohne einen Reisepass innerhalb der Bundesrepublik Deutschland seinen Aufenthalt nehmen. Die Ausreise aus der Bundesrepublik Deutschland ist nicht von der Freizügigkeit geschützt. Der Schutzbereich des Art. 11 GG ist daher nicht betroffen.

§ 7 Abs. 1 Nr. 1 PaßG: „Der Paß ist zu versagen, wenn Tatsachen die Annahme rechtfertigen, dass der Paßbewerber die innere und äußere Sicherheit oder sonstige erhebliche Belange der BRD gefährdet, ..."

§ 7 Abs. 2 PaßG: „Von der Paßversagung ist abzusehen, wenn sie unverhältnismäßig ist, ..."

B. Durch die Versagung der Passverlängerung könnte E in seiner **allgemeinen Handlungsfreiheit aus Art. 2 Abs. 1 GG** verletzt sein.

I. Dann müsste der **Schutzbereich** des Art. 2 Abs. 1 GG **betroffen** sein. Nach Art. 2 Abs. 1 GG hat jeder das Recht auf die freie Entfaltung seiner Persönlichkeit. Darunter ist eine allgemeine Handlungsfreiheit zu verstehen, d.h. die Freiheit, zu tun oder zu unterlassen, was man will.[4]

E möchte aus der Bundesrepublik Deutschland ausreisen. Dies wird ihm wegen der Versagung des Passes verwehrt, sodass E nicht mehr tun kann, was er will.

Der Schutzbereich des Art. 2 Abs. 1 GG ist damit betroffen.

II. Es müsste ein **Eingriff** in den Schutzbereich gegeben sein. Für Eingriffe in den Schutzbereich des Art. 2 Abs. 1 GG genügt nicht jede Beschränkung des Schutzbereiches durch den Staat im Sinne des neuen, weiten Eingriffsbegriffs. **Erforderlich** ist, wegen der weiten Fassung des Schutzbereiches, eine **finale (zielgerichtete) und unmittelbare Beschränkung** des Freiheitsbereiches. Durch die Versagung der Passverlängerung verhindert der Staat zielgerichtet und unmittelbar eine Ausreise des E. Damit ist ein Eingriff in den Schutzbereich des Art. 2 Abs. 1 GG gegeben.

III. Dieser Eingriff könnte **verfassungsrechtlich gerechtfertigt** sein.

1. Dafür müsste eine **Einschränkungsmöglichkeit** (Schranke) bestehen.

Schrankentrias

Die allgemeine Handlungsfreiheit wird gemäß Art. 2 Abs. 1 GG durch die Rechte anderer, die **verfassungsmäßige Ordnung** und durch das Sittengesetz eingeschränkt. Dabei erfasst die verfassungsmäßige Ordnung nach

4 H.M., seit BVerfGE 6, 32 (Elfes).

h.M. die gesamte verfassungsmäßige Rechtsordnung, also alle verfassungsgemäßen Normen. Die Einschränkungsmöglichkeit ist demnach als einfacher Gesetzesvorbehalt zu verstehen.

Die Versagung des Passes beruht auf § 7 PaßG, einem Parlamentsgesetz.

2. Fraglich ist, ob der Eingriff durch die Passversagung, gestützt auf § 7 PaßG, eine **verfassungsgemäße Konkretisierung** der Schranke ist.

a) Von der **formellen und materiellen Verfassungsmäßigkeit** des § 7 PaßG ist auszugehen.

b) Daneben müsste aber auch die **Passversagung im konkreten Fall verfassungsgemäß** sein.

Die Passversagung im konkreten Fall könnte verfassungswidrig sein, wenn sie gegen die Vorgaben des einfachen Gesetzes verstieße. Nach dem Grundsatz vom Vorrang des Gesetzes (Art. 20 Abs. 3 GG, Rechtsstaat, Gesetzmäßigkeit der Verwaltung) darf eine Behörde nicht gegen das Gesetz verstoßen. Einfach-rechtlich rechtswidrige Entscheidungen verstoßen daher gegen Art. 20 Abs. 3 GG und können nicht in verfassungsrechtlich gerechtfertigter Weise in ein Grundrecht eingreifen.

A.A. war das BVerfG im Originalfall. Dabei sind allerdings die Besonderheiten des Zeitpunktes der Originalentscheidung im Jahre 1957 zu berücksichtigen.

Fraglich ist, ob die **tatbestandlichen Voraussetzungen** der Passversagung vorliegen. Ein Pass darf gemäß § 7 Abs. 1 Nr. 1 PaßG versagt werden, wenn eine Gefährdung erheblicher Belange der BRD gegeben ist. Eine solche liegt vor, wenn wesentliche staatliche Interessen gefährdet werden. Der Vergleich mit dem Merkmal der inneren und äußeren Sicherheit macht deutlich, dass die gefährdeten Belange eine sehr hohe Qualität aufweisen müssen.

E vertritt sehr kritische Positionen bezüglich zweier wichtiger politischer Fragen in der BRD. Dabei ist jedoch zu berücksichtigen, dass in einer Demokratie gerade hinsichtlich wichtiger politischer Fragen unterschiedliche Ansichten vertretbar sind und auch vertreten werden müssen. Zwar mag es der Bundesregierung unliebsam sein, dass E im In- und Ausland solch gegenläufige Interessen vertritt. Dies gefährdet aber noch nicht erhebliche Belange der BRD.

Mit anderer Begründung hätte das Tatbestandsmerkmal auch bejaht werden können. Dann wäre die Passversagung allerdings als unverhältnismäßig i.S.v. § 7 Abs. 2 PaßG anzusehen.

Daher ist die **Passversagung verfassungsrechtlich nicht gerechtfertigt**. Sie verletzt E in seinem Grundrecht aus Art. 2 Abs. 1 GG.

Fall 6: Art. 2 Abs. 1 GG – Reiten im Walde

R ist ein passionierter Reiter. Als er eines Tages durch den Wald in der im Bundesland L gelegenen Gemeinde G reitet, wird er von der aufgebrachten Naturschützerin N angehalten und darauf hingewiesen, dass das Reiten im Wald nur auf den gekennzeichneten Reitwegen erlaubt sei. Diese Regelung sei zur Vermeidung fortschreitender Zerstörungen des Waldes und zur Schonung des Wildes, aber auch zum Schutz der Waldbesucher, die sich von Pferden bedroht fühlen, getroffen worden.

Tatsächlich findet R heraus, dass es im § 14 BWaldG heißt:

(1) Das Betreten des Waldes zum Zwecke der Erholung ist gestattet …

(2) Die Länder regeln die Einzelheiten. Sie können das Betreten des Waldes aus wichtigem Grund, insbesondere des Forstschutzes, der Wald- und Wildbewirtschaftung, zum Schutz der Waldbesucher oder zur Vermeidung erheblicher Schäden oder zur Wahrung anderer schutzwürdiger Interessen des Waldbesitzers, einschränken …

Der formell verfassungsgemäße § 50 LWaldG des Landes L lautet:

(1) Das Reiten im Wald ist nur auf dafür ausgewiesenen und gekennzeichneten Wegen gestattet …

R meint, dass § 50 LWaldG nicht mit dem Grundrecht auf die freie Entfaltung seiner Persönlichkeit als Reiter aus Art. 2 Abs. 1 GG vereinbar ist. Dass er wie jeder andere im Wald Erholung suche, sei legitim. Auch könne er sich zu Pferde nur noch eingeschränkt im Bundesgebiet bewegen. Distanz- und Wanderritte seien praktisch ausgeschlossen, da die Nutzung von Landes- oder Bundesstraßen aus Gründen der Verkehrssicherheit nicht zumutbar sei. Ist R durch § 50 LWaldG tatsächlich in seinem Grundrecht aus Art. 2 Abs. 1 GG verletzt?

R ist in seinem Grundrecht aus Art. 2 Abs. 1 GG verletzt, wenn § 50 LWaldG in verfassungsrechtlich nicht gerechtfertigter Weise in das Grundrecht eingreift.

I. Dann müsste zunächst der **Schutzbereich** des Art. 2 Abs. 1 GG **betroffen** sein. Art. 2 I GG schützt die **allgemeine Handlungsfreiheit** im umfassenden Sinne. Geschützt ist damit nicht nur ein begrenzter Bereich der Persönlichkeitsentfaltung, sondern **jede Form menschlichen Handelns** ohne Rücksicht darauf, welches Gewicht der Betätigung für die Persönlichkeitsentfaltung zukommt. Damit erfasst der Schutzbereich des Art. 2 Abs. 1 GG auch das Reiten als Betätigungsform menschlichen Handelns in der durch das Gesetz reglementierten Form.

Der Schutzbereich des Art. 2 Abs. 1 GG ist daher betroffen.

II. § 50 LWaldG müsste in den Schutzbereich **eingreifen**. Wegen der weiten Fassung des Schutzbereichs stellt zwar nicht jede Verkürzung des Schutzbereichs durch den Staat einen Eingriff in den Schutzbereich des Art. 2 Abs. 1 GG dar, wohl aber **final unmittelbare Beschränkungen** des Freiheitsbereichs. Gemäß § 50 Abs. 1 LWaldG ist das Reiten im Wald nur auf dafür ausgewiesenen und gekennzeichneten Wegen gestattet. Der Staat reglementiert das Reiten damit zielgerichtet. Eine weitere Umsetzung, z.B. durch den Erlass eines Verwaltungsaktes, ist nicht mehr notwendig, sodass § 50 LWaldG die Handlungsfreiheit der Betroffenen durch das Gesetz auch unmittelbar verkürzt. Ein Eingriff ist gegeben.

III. Dieser Eingriff könnte **verfassungsrechtlich gerechtfertigt** sein.

1. Dann müsste eine **Einschränkungsmöglichkeit (Schranke)** bestehen. Die allgemeine Handlungsfreiheit ist begrenzt durch die **verfassungsmäßige Ordnung**. Darunter versteht man die allgemeine Rechtsordnung, die die materiellen und formellen Normen der Verfassung zu beachten hat. Darin sind dann die Rechte anderer und die Sittengesetze enthalten. Somit beschränkt sich die Schrankentrias des Art. 2 Abs. 1 GG auf die verfassungsmäßige Ordnung. Als Teil der verfassungsmäßigen Ordnung kann jedes Gesetz Schranke des Art. 2 Abs. 1 GG sein, also auch das hier vorliegende LWaldG.

2. Fraglich ist, ob der Eingriff durch § 50 LWaldG **eine verfassungsgemäße Konkretisierung der Schranke** darstellt. Dann müsste § 50 LWaldG formell und materiell mit der Verfassung übereinstimmen. Von der formellen Verfassungsmäßigkeit des LWaldG ist laut Sachverhalt auszugehen. Hinsichtlich der materiellen Verfassungsmäßigkeit ist lediglich die **Verhältnismäßigkeit** der Regelung fraglich.

a) § 50 LWaldG müsste zunächst einen **legitimen Zweck** verfolgen. Das Ziel des Gesetzes ist die Verhinderung von Umweltzerstörungen in Wald durch unkontrolliertes Reiten. Darüber hinaus dient die Trennung des „Erholungsverkehrs" im Wald dadurch, dass die Reiter einerseits und andere Erholungssuchende andererseits auf getrennte Wege verwiesen werden, dazu, Gefahren und gegenseitige Beeinträchtigungen zu vermeiden. Diese Ziele sind verfassungsrechtlich legitim.

b) Die Beschränkung des Reitens auf ausgewiesene Wege müsste **geeignet** sein. Eine Maßnahme ist bereits dann geeignet, wenn sie die Zweckerreichung zumindest fördert. Durch das Verweisen der Reiter auf die speziell ausgewiesenen Reitwege kann es nicht zu Schäden im Unterholz und anderen Beeinträchtigungen im Wald kommen. Zudem besteht durch diese speziellen Wege kein Kontakt mehr zu anderen Erholungssuchenden, sodass auch diese Gefahren vermieden, zumindest aber verringert werden. Die Maßnahme ist auch geeignet.

c) Die Maßnahmen müssten **erforderlich** sein. Es ist kein milderes Mittel zur Erreichung der Ziele vorhanden, sodass die Maßnahme auch erforderlich ist.

d) Die Regelung des § 50 LWaldG müsste **angemessen** sein. Hier stehen sich verschiedene Interessen gegenüber. Dem Interesse der Reiter steht das Interesse aller an Schutz und Erhaltung der Natur und die Interessen anderer Erholungssuchender, die sich ebenfalls auf Art. 2 Abs. 1 GG berufen können, gegenüber. Somit ist ein Ausgleich der Interessen aller Beteiligten zu finden. In Anbetracht der Schäden, die Pferde anrichten können, ist ein Verweis auf spezielle Wege nicht unangemessen. Dass Reiter auf diese speziellen Wege verwiesen werden und nicht den Wanderern und Radfahrern eine Beschränkung auferlegt wird, kann mit der geringen Zahl der Reiter begründet werden. Dabei ist auch zu berücksichtigen, dass die Interessen der Allgemeinheit (Natur-/Wildschutz) und der anderen Waldnutzer (Eigentümer, Erholungssuchende) durch die Regelung umfassend geschützt werden können, während die Einschränkung für die Reiter nicht umfassend das Reiten im Wald verhindert, sondern lediglich einschränkt. Danach ist die Regelung auch angemessen und verhältnismäßig.

§ 50 LWaldG ist formell und materiell verfassungsgemäß und greift damit in verfassungsrechtlich gerechtfertigter Weise in die allgemeine Handlungsfreiheit der Reiter aus Art. 2 Abs. 1 GG ein.

Ergebnis: Art. 2 Abs. 1 GG ist nicht verletzt.

Fall 7: Art. 2 Abs. 1 i.V.m. Art. 1 Abs. 1 GG – Allgemeines Persönlichkeitsrecht

K verfügt seit ihrer Geburt über einen atypischen Chromosomensatz. Anstelle von zwei Geschlechtschromosomen (XX bzw. XY) verfügt K nur über ein funktionsfähiges X-Chromosom in den Körperzellen (sog. Turner-Syndrom). Bei ihrer Geburt wurde K als Mädchen in das Geburtenregister eingetragen. K fühlt sich aber dauerhaft weder dem weiblichen noch dem männlichen Geschlecht zugehörig.

K beantragte daher unter Vorlage einer Chromosomenanalyse die Berichtigung ihres Geburtseintrags beim zuständigen Standesamt dahingehend, dass die bisherige Geschlechtsangabe „weiblich" gestrichen und die Angabe „inter/divers" eingetragen werden solle, weil sie über einen numerisch auffälligen Chromosomensatz mit einem X-Chromosom und einem fehlenden zweiten Geschlechtschromosom verfüge.

Der Antrag der K wurde unter Hinweis auf §§ 21 Abs. 1 Nr. 3, 22 Abs. 3 PStG abgelehnt. Danach ist das Geschlecht zwingend im Geburtenregister zu beurkunden, wobei kein Geschlecht eingetragen wird, wenn sich die Person weder dem weiblichen noch dem männlichen Geschlecht zugeordnet werden kann. Die Eintragung eines dritten Geschlechts „inter/divers" sieht das PStG nicht vor. K meint, diese Regelungen verletzen sie in ihrem allgemeinen Persönlichkeitsrecht und stellen eine unzulässige Diskriminierung aufgrund des Geschlechts (Art. 3 Abs. 3 S. 1 Fall 1 GG) dar. Trifft diese Auffassung zu?

A. Die Regelungen des PStG, wonach K nicht mit der Bezeichnung „inter/divers" in das Geburtenregister eingetragen wird, könnte gegen das **allgemeine Persönlichkeitsrecht aus Art. 2 Abs. 1 i.V.m. Art. 1 Abs. 1 GG** verstoßen.

I. Dann müsste zunächst ein **Eingriff in den Schutzbereich** gegeben sein. Art. 2 Abs. 1 GG gewährt jedem das Recht auf die freie Entfaltung seiner Persönlichkeit. Neben der allgemeinen Handlungsfreiheit erfasst das Recht auch das **allgemeine Persönlichkeitsrecht** (Art. 2 Abs. 1 i.V.m. Art. 1 Abs. 1 GG), dessen Aufgabe es ist, Grundbedingungen dafür zu sichern, dass die einzelne Person **ihre Individualität** selbstbestimmt entwickeln und wahren kann. Als konstituierendes Element der Persönlichkeit schützt das APR auch die **geschlechtliche Identität**, die einerseits für das Selbstverständnis der Person, andererseits aber auch für die Wahrnehmung durch andere Menschen maßgeblich ist.

K fühlt sich weder dem männlichen noch dem weiblichen Geschlecht zugehörig. Das Personenstandsrecht zwingt dazu, das Geschlecht zu registrieren, ermöglicht einer Person, deren Geschlechtsentwicklung gegenüber einer weiblichen oder männlichen Geschlechtsentwicklung Varianten aufweist und die sich selbst dauerhaft weder dem männlichen noch dem weiblichen Geschlecht zuordnet, aber keinen personenstandsrechtlichen Geschlechtseintrag, der ihrer Geschlechtsidentität entspräche. Damit verkürzen die Regelungen den Schutzbereich des allgemeinen Persönlichkeitsrechts der K hinsichtlich ihrer geschlechtlichen Identität. Ein **Eingriff** in den Schutzbereich ist gegeben.[5]

II. Dieser Eingriff könnte **verfassungsrechtlich gerechtfertigt** sein.

1. Als **Einschränkungsmöglichkeit** gelten auch für das allgemeine Persönlichkeitsrecht zunächst die **Schranken des Art. 2 Abs. 1 GG**, also insbesondere die verfassungsmäßige Ordnung. Zur „verfassungsmäßigen Ordnung" gehören alle formell und materiell verfassungsmäßigen Normen.

2. Dann müssten die Regelungen des PStG diese Einschränkungsmöglichkeit in **verfassungsgemäßer Weise konkretisieren**. Fraglich ist daher, ob die §§ 21, 22 PStG formell und materiell verfassungsgemäß sind.

a) Die Regelungen sind formell verfassungsgemäß. Insbesondere besteht die **Gesetzgebungskompetenz** des Bundes als konkurrierende Gesetzgebungskompetenz aus Art. 74 Abs. 1 Nr. 2, Art. 72 Abs. 2 GG.

b) Die Regelungen müssten auch **materiell verfassungsgemäß** sein. Dafür müssten die Normen insbesondere **verhältnismäßig** sein. Das setzt zunächst voraus, dass die Regelungen einen **legitimen Zweck** verfolgen.

aa) Zweck der Regelung könnte es sein, dass das **„Geschlecht"** verbindlich auf eine **Binarität**, nämlich weiblich und männlich, festgelegt werden soll. Dies könnte bereits aus **Art. 3 Abs. 2 S. 1 GG** zu folgern sein, der lediglich von „Männern" und „Frauen" spricht. Aus dem Gleichberechtigungsgebot des Art. 3 Abs. 2 GG folgt, dass bestehende gesellschaftliche Nachteile zwischen Männern und Frauen beseitigt werden sollen. Ziel dieser Norm ist es vor allem, **geschlechtsbezogene Diskriminierung zulasten von Frauen** zu beseitigen, nicht jedoch, eine geschlechtliche Zuordnung im Personenstandsrecht festzuschreiben oder eine weitere Geschlechtskategorie jenseits von "männlich" und "weiblich" auszuschließen.

bb) Als legitimes Ziel könnte der **Schutz von Rechten Dritter** in Betracht kommen. Dabei ist jedoch zu berücksichtigen, dass durch die Möglichkeit, ein drittes Geschlecht in das Geburtenregister einzutragen, niemand gezwungen wäre, sich selbst diesem dritten Geschlecht zuzuordnen. Der Status von Männern und Frauen bliebe daher unberührt.

cc) Die Möglichkeit, ein weiteres Geschlecht eintragen zu lassen, würde zwar zu einem **bürokratischen Mehraufwand** führen. Gegenüber der Grundrechtsbeeinträchtigung, die es bedeutet, in der eigenen geschlechtlichen Identität durch das Recht ignoriert zu werden, wäre der durch die Ermöglichung einer einheitlichen dritten Bezeichnung verursachte Mehraufwand aber hinzunehmen. Zudem könnte der Gesetzgeber auch völlig auf die Eintragung eines Geschlechtes verzichten, sodass auch ein bürokratischer Mehraufwand nicht als legitimes Ziel angesehen werden kann.

dd) Letztlich könnten **Ordnungsinteressen des Staates** als legitimes Ziel die Regelungen rechtfertigen. Einzelne Rechte, Pflichten oder Ansprüche hängen nach der Rechtsordnung von dem Geschlecht ab. Insofern könnten durch ein drittes Geschlecht Zuordnungsprobleme entstehen. Dieses Problem besteht jedoch bereits nach geltendem Recht in gleicher Weise, wenn der Geschlechtseintrag nach § 22 Abs. 3 PStG offenbleibt. Dann ist ei-

5 BVerfG RÜ 2018, 35.

ne Zuordnung zum männlichen oder zum weiblichen Geschlecht ebenfalls nicht möglich.

Damit verfolgen die §§ 21 Abs. 1 Nr. 3, 22 Abs. 3 PStG keinen legitimen Zweck und sind **unverhältnismäßig**. Die §§ 21 Abs. 1 Nr. 3, 22 Abs. 3 PStG sind wegen der Verletzung des allgemeinen Persönlichkeitsrechts (Art. 2 Abs. 1 i.V.m. Art. 1 Abs. 1 GG) verfassungswidrig.

B. Die Regelungen des PStG, wonach K nicht mit der Bezeichnung „inter/divers" in das Geburtenregister eingetragen wird, könnte eine ungerechtfertigte **Diskriminierung aufgrund des Geschlechts** darstellen und damit **Art. 3 Abs. 3 S. 1 GG** verletzen.

I. Nach Art. 3 Abs. 3 S. 1 GG darf niemand wegen seines Geschlechts benachteiligt werden. Danach darf das Geschlecht grundsätzlich nicht als Anknüpfungspunkt für eine rechtliche Ungleichbehandlung herangezogen werden. Anders als Männer oder Frauen können Personen, die nicht einem dieser Geschlechter zugeordnet werden können, nicht ihrem Geschlecht gemäß eingetragen werden.

1. Zweck des Art. 3 Abs. 3 S. 1 GG ist es, Angehörige strukturell diskriminierungsgefährdeter Gruppen vor Benachteiligung zu schützen. Der **Wortlaut** des Art. 3 Abs. 3 S. 1 GG lässt es ohne Weiteres zu, auch die Personen in den Schutz einzubeziehen, die sich weder dem weiblichen noch dem männlichen Geschlecht zuordnen lassen. Art. 3 Abs. 3 S. 1 GG spricht ohne Einschränkung allgemein von „Geschlecht", was auch ein Geschlecht jenseits von männlich oder weiblich sein kann.

2. Etwas anderes ergibt sich auch nicht aus der Regelung in Art. 3 Abs. 2 S. 1 GG. Zwar gilt das Gleichberechtigungsgebot nur für Frauen und Männer. Wie oben bereits erörtert folgt daraus aber nicht, dass das Merkmal „Geschlecht" i.S.d. Art. 3 Abs. 3 S. 1 GG ebenfalls binär zu verstehen ist. So nennt schon der **Wortlaut des Absatzes 3**, anders als Absatz 2 nicht Männer und Frauen, sondern spricht allgemein vom Geschlecht. Vor allem aber besitzt Art. 3 Abs. 2 GG gegenüber Art. 3 Abs. 3 S. 1 GG eine eigenständige Bedeutung, die die engere Fassung von Absatz 2 erklärt. Der über das Diskriminierungsverbot des Art. 3 Abs. 3 GG hinausreichende Regelungsgehalt von Art. 3 Abs. 2 GG besteht darin, dass er ein Gleichberechtigungsgebot aufstellt und dieses auch auf die gesellschaftliche Wirklichkeit erstreckt.

Danach benachteiligen die Regelungen des PStG Menschen, die nicht männlichen oder weiblichen Geschlechts sind und sich selbst dauerhaft einem weiteren Geschlecht zuordnen, wegen ihres Geschlechts.

II. Wie oben bereits erörtert, verfolgen die §§ 21 Abs. 1 Nr. 3, 22 Abs. 3 PStG **keinen legitimen Zweck**, sodass in Ermangelung eines tragfähigen Grundes die Ungleichbehandlung nicht gerechtfertigt werden kann.

Auch Art. 3 Abs. 3 S. 1 GG ist verletzt.

Ergebnis: Die Auffassung der K trifft demnach zu.

Fall 8: Art. 2 Abs. 1 i.V.m. Art. 1 Abs. 1 GG – Grundrecht auf Gewährleistung der Vertraulichkeit und Integrität informationstechnischer Systeme

Das Land L hat sein Verfassungsschutzgesetz (VSG) formell ordnungsgemäß um eine Regelung erweitert. Gemäß § 5 Abs. 2 Nr. 11 VSG darf die zuständige Behörde heimlich auf informationstechnische Systeme (z.B. Computer, Laptops, PDAs oder Mobiltelefone) zugreifen, wenn tatsächliche Anhaltspunkte dafür vorliegen, dass dadurch Erkenntnisse über verfassungsfeindliche Bestrebungen gewonnen werden können. Unter einem heimlichen Zugriff ist die heimliche Infiltration (z.B. durch einen Trojaner) zu verstehen, die es ermöglicht, die Nutzung zu überwachen und den Inhalt der Speichermedien zu durchsuchen (sog. Online-Durchsuchung).

Sind Art. 10, 13 GG oder das allgemeine Persönlichkeitsrecht verletzt, wenn das VSG formell verfassungsgemäß ist?

A. Durch § 5 Abs. 2 Nr. 11 VSG könnte das **Fernmeldegeheimnis aus Art. 10 GG** verletzt sein. Das Fernmeldegeheimnis schützt aber lediglich den **Kommunikationsvorgang**, also die Frage, wer mit wem zu welchem Zeitpunkt kommuniziert. Durch die Online-Durchsuchung wird aber das System insgesamt ausgespäht, also auch einzelne auf einem Rechner gespeicherte Dateien usw., sodass der Schutz des Art. 10 GG nicht ausreicht.

B. Daneben könnte das **Wohnungsgrundrecht aus Art. 13 GG** verletzt sein. Das Grundrecht der Wohnung betrifft allerdings ausschließlich den Schutz der Wohnung und bietet ebenfalls keinen ausreichenden Schutz vor einer Online-Durchsuchung. Insbesondere bei Laptops oder Handys geschieht der Eingriff unabhängig vom Standort des Systems.

C. Fraglich ist, ob eine Verletzung des **allgemeinen Persönlichkeitsrechts aus Art. 2 Abs. 1 i.V.m. Art. 1 Abs. 1 GG** in seiner Ausprägung als **Recht auf informationelle Selbstbestimmung** gegeben ist. Das Recht auf informationelle Selbstbestimmung betrifft nur die Erhebung einzelner personenbezogener Daten, aus denen mittels elektronischer Datenverarbeitung weitere Informationen erzeugt und Schlüsse gezogen werden können. Der Zugriff durch die Online-Durchsuchung auf das **gesamte** System geht weit über die Erhebung einzelner Daten hinaus.

D. In Betracht kommt eine Verletzung des **allgemeinen Persönlichkeitsrechts** in seiner Ausprägung als **Grundrecht auf Gewährleistung der Vertraulichkeit und Integrität informationstechnischer Systeme** gemäß Art. 2 Abs. 1 i.V.m. Art. 1 Abs. 1 GG.

Beachte: Das Grundrecht auf Gewährleistung der Vertraulichkeit und Integrität informationstechnischer Systeme ist **nachrangig**. Nur wenn die bestehenden Grundrechte zu einem Schutz nicht ausreichen, kommt ein Schutz über das neue „Online-Grundrecht" in Betracht.

I. Dann müsste ein **Eingriff in den Schutzbereich** gegeben sein.

1. Das allgemeine Persönlichkeitsrecht schützt Elemente der Persönlichkeit, die zwar durch die besonderen Freiheitsgarantien nicht geschützt sind, diesen in ihrer konstituierenden Bedeutung für die Persönlichkeit aber gleichstehen. Die Nutzung informationstechnischer Systeme, durch die eine Vielzahl neuer Gefahren für die Persönlichkeit auftreten kann, ist heute von zentraler Bedeutung für die Entfaltung der Persönlichkeit der Menschen. Durch eine Auswertung der vielfältigen Daten, die auf solchen

Systemen gespeichert sind, kann ein Profil der Persönlichkeit des Betroffenen erstellt werden. Daraus resultiert ein grundrechtlich erhebliches Schutzbedürfnis, welches in seiner Bedeutung denen anderer Freiheitsgarantien entspricht.

Damit schützt das Grundrecht auf Gewährleistung der Vertraulichkeit und Integrität informationstechnischer Systeme gemäß Art. 2 Abs. 1 i.V.m. Art. 1 Abs. 1 GG das Interesse daran, dass die vom System erzeugten und gespeicherten Daten vertraulich bleiben.[6] **Dieser Schutzbereich ist durch die Online-Durchsuchung betroffen**.

2. § 5 Abs. 2 Nr. 11 VSG ermöglicht der zuständigen Behörde den heimlichen Zugriff auf informationstechnische Systeme und stellt damit einen **Eingriff** in den Schutzbereich dar.

II. Dieser Eingriff in den Schutzbereich könnte **verfassungsrechtlich gerechtfertigt** sein.

Das Grundrecht auf Gewährleistung der Vertraulichkeit und Integrität informationstechnischer Systeme, hergeleitet aus Art. 2 Abs. 1 i.V.m. Art. 1 Abs. 1 GG, unterliegt den Beschränkungen des Art. 2 Abs. 1 GG, die sog. **Schrankentrias.** Fraglich ist demnach, ob § 5 Abs. 2 Nr. 11 VSG Ausdruck der verfassungsmäßigen Ordnung, also formell und materiell verfassungsmäßig ist.

1. Die **formelle Verfassungsmäßigkeit** des VSG ist gegeben.

2. Das VSG müsste auch **materiell verfassungsmäßig**, insbesondere **verhältnismäßig** sein.

a) Dann müsste mit dem Gesetz ein **legitimer Zweck** verfolgt werden. Zweck der Online-Durchsuchungen ist es, Gefahren für die öffentliche Sicherheit abzuwehren und den Terrorismus zu bekämpfen. Diese Zwecke sind verfassungsrechtlich nicht zu beanstanden.

b) Das Gesetz müsste auch **geeignet** sein. Eine Maßnahme ist geeignet, wenn die Zielerreichung zumindest gefördert wird. Die Möglichkeiten der Online-Durchsuchung fördern den Zweck, Gefahren abzuwehren und den Terrorismus zu bekämpfen und sind somit geeignet.

c) Weniger belastende, gleich wirksame Mittel sind nicht erkennbar, sodass das VSG auch **erforderlich** ist.

d) Des Weiteren müsste § 5 Abs. 2 Nr. 11 VSG auch **angemessen** sein. Dann dürfte der zu erreichende Zweck nicht erkennbar außer Verhältnis stehen zu dem eingesetzten Mittel.

aa) Die Online-Durchsuchung ermöglicht es der Behörde, auf den gesamten Datenbestand des Betroffenen zuzugreifen. Dabei werden der Behörde detaillierte Informationen zugänglich, mit denen ein genaues Persönlichkeitsabbild des Betroffenen hergestellt werden kann. Auch intimste Daten werden der Behörde zugänglich gemacht. Dabei ist erschwerend zu berücksichtigen, dass eine heimliche Infiltration vorliegt, gegen die sich der Betroffene nicht zur Wehr setzen kann. Insofern handelt es sich um einen **besonders schwerwiegenden Eingriff**.

---

6 BVerfG RÜ 2008, 249.

bb) Ein solch schwerwiegender Eingriff kann nur angemessen sein, wenn dadurch ein **überragend wichtiges Rechtsgut** geschützt werden soll. Dazu zählen neben Leib, Leben und Freiheit einer Person solche Güter der Allgemeinheit, deren Bedrohung die Existenz des Staates oder die Grundlagen der Existenz des Menschen betrifft.

Die Online-Durchsuchung ist nur angemessen, wenn ein überragend wichtiges Rechtsgut betroffen ist, tatsächliche Anhaltspunkte für eine konkrete Gefahr vorliegen und eine vorbeugende Kontrolle durch eine unabhängige Instanz stattfindet.

Zudem müssen **tatsächliche Anhaltspunkte** für das Vorliegen einer **konkreten Gefahr** gegeben sein. Eine bloße Vermutung der Behörde reicht für einen solch gravierenden Eingriff nicht aus.

Letztlich ist bei heimlichen, schwerwiegenden Eingriffen in die Grundrechte der Bürger eine **vorbeugende Kontrolle durch eine unabhängige Instanz** geboten. D.h., dass vor Durchführung der Maßnahme ein unabhängiger Richter über die Zulässigkeit der Maßnahme zu entscheiden hat.

cc) Fraglich ist, ob § 5 Abs. 2 Nr. 11 VSG diesen Anforderungen gerecht wird.

Die zuständigen Behörden können nach § 5 Abs. 2 Nr. 11 VSG **heimlich** informationstechnische Systeme **infiltrieren**, wenn tatsächliche Anhaltspunkte dafür vorliegen, dass dadurch Erkenntnisse über verfassungsfeindliche Bestrebungen gewonnen werden können. Damit wird die Maßnahme zwar von dem Vorliegen tatsächlicher Anhaltspunkte abhängig gemacht. Eine **konkrete Gefahrensituation** ist für den Eingriff jedoch **nicht** erforderlich.

Zudem wird die Online-Durchsuchung gemäß § 5 Abs. 2 Nr. 11 VSG nicht von der vorherigen Entscheidung und Kontrolle einer unabhängigen Instanz, wie z.B. eines Richters, abhängig gemacht. Damit widerspricht § 5 Abs. 2 Nr. 11 VSG den Anforderungen, die die Angemessenheit an einen solch schwerwiegenden Eingriff in das Grundrecht auf Gewährleistung der Vertraulichkeit und Integrität informationstechnischer Systeme stellt. § 5 Abs. 2 Nr. 11 VSG ist nicht verhältnismäßig. Der Eingriff in Art. 2 Abs. 1 i.V.m. Art. 1 Abs. 1 GG ist verfassungsrechtlich nicht gerechtfertigt.

Ergebnis: Das allgemeine Persönlichkeitsrecht ist verletzt.

Fall 9: Art. 2 Abs. 2 S. 2 GG – Freiheit der Person (Fixieren in der Klinik)

A leidet an einer schizoaffektiven Störung und wurde zur Behandlung aufgrund richterlicher Anordnung des zuständigen Amtsgerichts in der geschlossenen Abteilung einer psychiatrischen Klinik untergebracht. Während der Unterbringung verhielt sich A bedrohlich gegenüber dem Pflegepersonal und drohte, sich selbst zu verletzen. Daraufhin ordnete der zuständige Stationsarzt Dr. D eine sog. 7-Punkt-Fixierung des A an. Dabei wird der Patient an sämtlichen Gliedmaßen, mit einem Bauchgurt, einem Brustgurt und einem Gurt über der Stirn am Krankenbett festgebunden. Die Fixierung wurde am folgenden Tag wieder aufgehoben. Eine richterliche Entscheidung hinsichtlich der Fixierung wurde nicht eingeholt.

A meint, die Fixierung greife in sein Grundrecht der Freiheit der Person aus Art. 2 Abs. 2 S. 2 GG ein. Hat er Recht?

I. Dann müsste zunächst der **Schutzbereich** des Art. 2 Abs. 2 S. 2 GG **betroffen** sein.

Als Freiheit der Person wird die **tatsächliche körperliche Bewegungsfreiheit** vor staatlichen Eingriffen geschützt, also vor Verhaftung, Festnahme und ähnlichen Maßnahmen des unmittelbaren Zwangs. Durch die 7-Punkt-Fixierung am Krankenbett wurde die körperliche Bewegungsfreiheit des A faktisch aufgehoben, was den Schutzbereich betrifft. Daran ändert auch die psychische Erkrankung des A nichts. Eine fehlende Einsichtsfähigkeit lässt den Schutz des Art. 2 Abs. 2 GG nicht entfallen. Er ist auch dem psychisch Kranken und nicht voll Geschäftsfähigen garantiert.

II. Als **Eingriff** in Art. 2 Abs. 2 S. 2 GG sind alle **freiheitsbeschränkenden** und **freiheitsentziehenden** Maßnahmen zu werten. Welche Art von Eingriff vorliegt, hängt von der **Intensität** der Maßnahme ab.

Eine **Freiheitsbeschränkung** liegt vor, wenn jemand durch die öffentliche Gewalt gegen seinen Willen daran gehindert wird, einen Ort aufzusuchen oder sich dort aufzuhalten, der ihm an sich (tatsächlich und rechtlich) zugänglich wäre. Die **Freiheitsentziehung** als schwerste Form der Freiheitsbeschränkung liegt dann vor, wenn die – tatsächlich und rechtlich an sich gegebene – Bewegungsfreiheit nach jeder Richtung hin aufgehoben wird. Sie setzt eine **besondere Eingriffsintensität** und eine **nicht nur kurzfristige Dauer** voraus.

Über die ebenfalls verfassungsrechtlich interessante Frage der Zwangsbehandlung von Patientinnen und Patienten können Sie sich in diesem Video informieren:

1. Die Fixierung könnte als Freiheitsentziehung einzuordnen sein. Durch die Fixierung am Bett wurde A die Möglichkeit genommen, sich innerhalb der Station oder zumindest innerhalb des ihm zugewiesenen Krankenzimmers zu bewegen. Auch handelte es sich aufgrund der Dauer von einem ganzen Tag nicht nur um eine kurzfristige Maßnahme. Von einer Freiheitsentziehung ist auszugehen, wenn sie absehbar die Dauer von ungefähr einer halben Stunde überschreitet.[7] Die Fixierung des A war folglich eine Freiheitsentziehung.

7 BVerfG RÜ 2018, 650.

2. Allerdings ist zu berücksichtigen, dass A aufgrund der Unterbringung bereits die Freiheit entzogen war. Durch die Fixierung könnte sich demnach nur die Art und Weise des Vollzugs der bereits angeordneten Freiheitsentziehung verändert haben, sodass in der **Fixierung kein selbstständiger Eingriff** mehr liegen würde.

a) Für eine Einordnung als selbständige Freiheitsentziehung spricht jedoch, dass die Fortbewegungsfreiheit des Betroffenen bei dieser Form der Fixierung **nach jeder Richtung hin vollständig aufgehoben** und damit über das bereits mit der Unterbringung in einer geschlossenen Einrichtung verbundene Maß, namentlich die Beschränkung des Bewegungsradius auf die Räumlichkeiten der Unterbringungseinrichtung, hinaus beschnitten wird.

b) Die **besondere Intensität** des Eingriffs folgt bei der 7-Punkt-Fixierung zudem daraus, dass ein gezielt vorgenommener Eingriff in die Bewegungsfreiheit als umso bedrohlicher erlebt wird, je mehr der Betroffene sich dem Geschehen hilflos und ohnmächtig ausgeliefert sieht. Hinzu kommt, dass der Eingriff in der Unterbringung häufig Menschen treffen wird, die aufgrund ihrer psychischen Verfassung die Nichtbeachtung ihres Willens besonders intensiv empfinden.

c) Des Weiteren sind die Betroffenen für die Befriedigung natürlicher Bedürfnisse völlig von der rechtzeitigen Hilfe durch das Pflegepersonal abhängig. Im Verhältnis zu anderen Zwangsmaßnahmen wird die Fixierung von ihnen daher regelmäßig als besonders belastend wahrgenommen.

d) Letztlich besteht auch bei sachgemäßer Durchführung der Fixierung die Gefahr, dass der Betroffene durch die länger dauernde Immobilisation Gesundheitsschäden wie eine Venenthrombose oder eine Lungenembolie erleidet.

Ergebnis: Die Fixierung des A stellt damit einen eigenständigen Eingriff dar. Es liegt ein Eingriff in den Schutzbereich des Art. 2 Abs. 2 S. 2 GG vor.

Anmerkung: *Der Eingriff in das Grundrecht des A wäre* ***verfassungsrechtlich*** *auch* ***nicht gerechtfertigt****. Zwar ist das Grundrecht der Freiheit der Person aufgrund eines* ***förmlichen Gesetzes*** *(****Parlamentsvorbehalt****, Art. 2 Abs. 2 S. 3 GG i.V.m. Art. 104 Abs. 1 S. 1 GG) einschränkbar. Über die Zulässigkeit und Dauer der Freiheitsentziehung hat gemäß Art. 104 Abs. 2 S. 1 GG aber der Richter zu entscheiden* ***(Richtervorbehalt)****.*

Die Freiheitsentziehung erfordert grundsätzlich eine ***vorherige*** *richterliche Anordnung. Eine* ***nachträgliche*** *richterliche Entscheidung ist* ***nur dann*** *zulässig, wenn der mit der Freiheitsentziehung verfolgte verfassungsrechtlich zulässige Zweck nicht erreichbar wäre, sofern der Maßnahme die richterliche Entscheidung vorausgehen müsste. Im Rahmen der Fixierung einer Person in psychiatrischer Unterbringung wird aufgrund einer akuten Gefährdung häufig eine sofortige Fixierung erforderlich sein. Für diesen Fall fordert Art. 104 Abs. 2 S. 2 GG, die richterliche Entscheidung* ***unverzüglich*** *nachzuholen. Unverzüglich nachgeholt ist die Entscheidung, wenn sie* ***ohne jede Verzögerung****, die sich nicht aus sachlichen Gründen rechtfertigen lässt, herbeigeführt wird. Da keine richterliche Entscheidung eingeholt wurde, obwohl A* ***einen ganzen Tag*** *fixiert war, ist der Eingriff verfassungsrechtlich nicht zu rechtfertigen.*

Sachliche Gründe für eine Verzögerung können sich dabei aus den in den §§ 315 ff. FamFG vorgesehenen Anhörungspflichten und Beteiligungsrechten z.B. des Verfahrenspflegers oder von Familienangehörigen des Betroffenen ergeben.

Fall 10: Art. 4 GG – Glaubens-/Religionsfreiheit (Kopftuchverbot)

Durch das Gesetz zur Sicherung der staatlichen Neutralität des Bundeslandes L ist eine neue Vorschrift in das Landesschulgesetz (SchulG) aufgenommen worden.

§ 86 Abs. 3 SchulG lautet:

„Lehrkräfte haben in Schule und Unterricht politische, religiöse und weltanschauliche Neutralität zu wahren. Insbesondere dürfen sie Kleidungsstücke, Symbole oder andere Merkmale nicht tragen oder verwenden, die objektiv geeignet sind, das Vertrauen in die Neutralität ihrer Amtsführung zu beeinträchtigen oder den politischen, religiösen oder weltanschaulichen Frieden in der Schule zu gefährden."

Ist § 86 SchulG verfassungsgemäß?

Bearbeiterhinweis: Art. 5 und 33 GG sind nicht zu prüfen.

§ 86 SchulG müsste **formell** und **materiell verfassungsgemäß** sein.

A. Im Hinblick auf die **formelle Verfassungsmäßigkeit** stellt sich lediglich die Frage der **Gesetzgebungskompetenz** des Landes für § 86 Abs. 3 SchulG. In Betracht kommt eine konkurrierende Gesetzgebungskompetenz des Bundes aus Art. 74 Abs. 1 Nr. 27 GG. Danach hat der Bund die konkurrierende Gesetzgebungskompetenz für die Statusrechte und -pflichten der Beamten der Länder. Darunter fallen Regelungen hinsichtlich der Voraussetzungen der Begründung oder Beendigung eines Dienstverhältnisses, die Arten der beamtenrechtlichen Verhältnisse oder Abordnungen und Versetzungen von Beamten. Durch § 86 Abs. 3 SchulG wird Lehrkräften verboten, bestimmte religiöse Kleidungsstücke und Symbole zu tragen und zu verwenden. Dies betrifft nicht die Statusrechte eines Beamten, sodass es sich nicht um eine Regelung i.S.d. Art. 74 Abs. 1 Nr. 27 GG handelt.

Für die **Regelungen des Schulrechtes ist daher die Gesetzgebungskompetenz der Länder gemäß Art. 70 Abs. 1 GG** gegeben. § 86 Abs. 3 SchulG ist formell verfassungsgemäß.

B. Daneben müsste § 86 SchulG auch **materiell verfassungsgemäß** sein. Die Norm dürfte insbesondere nicht gegen Grundrechte verstoßen. Hier könnte ein Verstoß gegen **Art. 4 GG** gegeben sein.

I. Dann müsste der **Schutzbereich betroffen** sein. Art. 4 Abs. 1 GG schützt die Glaubens- und Gewissensfreiheit sowie die Freiheit des religiösen und weltanschaulichen Bekenntnisses. Nach Art. 4 Abs. 2 GG wird die ungestörte Religionsausübung gewährleistet. Die Glaubensfreiheit erfasst nicht nur die innere Freiheit, zu glauben oder nicht zu glauben, sondern auch die Freiheit, seinen Glauben zu bekennen. **Insofern bilden Art. 4 Abs. 1 und 2 GG ein einheitliches Grundrecht der Glaubens- und Bekenntnisfreiheit, welches die Freiheit der Religionsausübung mit umfasst**.

Zu einer weiteren Fallkonstellation der Verschleierung in der Schule s. das nachfolgende Video:

Zu dieser umfassend gewährten Freiheit gehört auch das Recht des Einzelnen, sein gesamtes Verhalten an den Lehren seines Glaubens auszurichten und seiner inneren Überzeugung gemäß zu handeln. Diese Handlungsfreiheit ist durch das Verbot, bestimmte Kleidungsstücke oder Symbole zu tragen, betroffen.

II. Es müsste ein **Eingriff** gegeben sein. Durch das gesetzliche Verbot des § 86 Abs. 3 SchulG wird **final und unmittelbar** das Tragen und Verwenden bestimmter Kleidungsstücke und Symbole verboten, die objektiv geeignet sind, den religiösen Frieden zu gefährden. Demnach wird (sogar) **im klassischen Sinne** in das Grundrecht aus Art. 4 Abs. 1, 2 GG eingegriffen.

III. Der Eingriff in den Schutzbereich des Art. 4 Abs. 1, 2 GG ist **verfassungsrechtlich gerechtfertigt**, wenn er sich als verfassungskonforme Verwirklichung einer im GG angelegten Grundrechtsschranke darstellt.

1. Dann müsste das Grundrecht zunächst einschränkbar sein (**Einschränkungsmöglichkeit**, Schranke). Nach dem Wortlaut des Art. 4 GG wird das Grundrecht ohne besondere Schranken gewährleistet. Teilweise wird aus Art. 140 GG i.V.m. Art. 136 Abs. 1 WRV ein einfacher Gesetzesvorbehalt abgeleitet. Dagegen spricht jedoch, dass dann gemäß Art. 136 Abs. 1 WRV lediglich die Religionsfreiheit einem Gesetzesvorbehalt unterliegen würde, nicht aber die in Art. 4 Abs. 1 GG ebenfalls geschützte Gewissensfreiheit. Dann wäre die Gewissensfreiheit stärker geschützt als die anderen Freiheiten des Art. 4 Abs. 1, 2 GG. Somit unterliegt die Glaubens- und Bekenntnisfreiheit nicht einem Gesetzesvorbehalt, sondern den verfassungsimmanenten Schranken.[8]

Dies sind die Grundrechte Dritter sowie andere Werte von Verfassungsrang. Die Einschränkung der vorbehaltlos gewährleisteten Glaubensfreiheit bedarf überdies einer **hinreichend bestimmten gesetzlichen Grundlage**.[9] Die Glaubensfreiheit ist demzufolge zum Schutze der Grundrechte Dritter und anderer Werte mit Verfassungsrang durch ein Parlamentsgesetz einschränkbar.

2. Der Eingriff in die Glaubensfreiheit ist **verfassungsrechtlich gerechtfertigt**, wenn § 86 Abs. 3 SchulG eine **verfassungsgemäße Konkretisierung** der Einschränkungsmöglichkeit darstellt. Dies ist der Fall, wenn er formell und materiell verfassungsgemäß ist.

a) Wie oben bereits festgestellt, bestehen gegen die **formelle Verfassungsmäßigkeit** keine Bedenken.

b) Fraglich ist, ob § 86 Abs. 3 SchulG auch **materiell verfassungsgemäß** ist.

aa) Die Vorschrift müsste **hinreichend bestimmt**, klar und justiziabel sein. Die Verwendung interpretationsbedürftiger unbestimmter Rechtsbegriffe begegnet insoweit keinen Bedenken. Denkbare Alternative wäre gewesen, in der gesetzlichen Bestimmung bestimmte Kleidungsstücke, Symbole oder Merkmale, die verboten werden sollen, beispielhaft oder abschließend aufzulisten. Eine Norm ist aber bestimmt genug, wenn von den Fachgerichten im Rahmen einer Einzelfallentscheidung zu überprüfen ist, ob diese abstrakten Vorgaben im Einzelfall rechtmäßig angewendet wurden. Dem Gesetzgeber steht es im Rahmen seiner Einschätzungsprärogative grundsätzlich frei, bei der Normgestaltung auch unbestimmte Rechtsbegriffe zu verwenden und somit den Behörden und Gerichten Interpretationsspielräume zu eröffnen.

8 Vgl. B-Basiswissen Grundrechte (2024), S. 42.

9 BVerfGE 108, 282 (Kopftuch I); BVerfG RÜ 2015, 319 (Kopftuch II).

bb) Zu den kollidierenden Grundrechten Dritter gehört zunächst die **negative Glaubensfreiheit der Schüler und Eltern**. Art. 4 GG schützt nicht nur die positive, sondern auch die negative Glaubensfreiheit. Das bedeutet, dass auch die Freiheit besteht, eine Religion sowie religiöse Symbole abzulehnen. Diese negative Freiheit wird beeinträchtigt durch eine vom Staat geschaffene Lage, in der der Einzelne ohne Ausweichmöglichkeiten dem Einfluss eines bestimmten Glaubens, den Handlungen, in denen sich dieser manifestiert, und den Symbolen, in denen er sich darstellt, ausgesetzt wird.

Hinsichtlich der Wirkung religiöser Ausdrucksmittel ist allerdings danach zu unterscheiden, ob das in Frage stehende Zeichen auf Veranlassung der Schulbehörde oder aufgrund einer eigenen Entscheidung von einzelnen Lehrerinnen und Lehrern verwendet wird. Der Staat, der eine mit dem Tragen eines Kopftuchs verbundene religiöse Aussage einer einzelnen Lehrerin hinnimmt, macht diese Aussage nicht schon dadurch zu seiner eigenen und muss sie sich auch nicht als von ihm beabsichtigt zurechnen lassen. Die Schülerinnen und Schüler werden lediglich mit der ausgeübten positiven Glaubensfreiheit der Lehrkräfte in Form einer glaubensgemäßen Bekleidung konfrontiert, was im Übrigen durch das Auftreten anderer Lehrkräfte mit anderem Glauben oder anderer Weltanschauung in aller Regel relativiert und ausgeglichen wird. Insofern spiegelt sich in der bekenntnisoffenen Gemeinschaftsschule die religiös-pluralistische Gesellschaft wider.

cc) Daneben begrenzt als Wert von Verfassungsrang der **Grundsatz der politischen, religiösen und weltanschaulichen Neutralität des Staates** die Glaubensfreiheit der Lehrer. Das Grundgesetz begründet für den Staat in Art. 4 Abs. 1, Art. 3 Abs. 3 S. 1, Art. 33 Abs. 3 GG sowie durch Art. 136 Abs. 1 und 4 und Art. 137 Abs. 1 WRV i.V.m. Art. 140 GG die Pflicht zu weltanschaulich-religiöser Neutralität. Der Staat hat auf eine am Gleichheitssatz orientierte Behandlung der verschiedenen Religions- und Weltanschauungsgemeinschaften zu achten **und darf sich nicht mit einer bestimmten Religionsgemeinschaft identifizieren**. Das bedeutet aber nicht, dass religiös motivierte äußere Zeichen (wie das Tragen bestimmter Kleidung) von vornherein unzulässig wären.

In der Abwägung ist dabei aber zu berücksichtigen, dass § 86 Abs. 3 SchulG kein generelles Verbot enthält, Kleidung zu tragen oder Symbole zu verwenden, die einen religiösen Bezug aufweisen. Vielmehr sind lediglich diejenigen Symbole verboten, die objektiv geeignet sind, das Vertrauen in die Neutralität oder den Schulfrieden zu beeinträchtigen.

dd) Nach **Art. 6 Abs. 2 GG** sind Pflege und Erziehung der Kinder das natürliche **Recht der Eltern** und die zuvörderst ihnen obliegende Pflicht. Dies ist auch vom Staat zu berücksichtigen, wenn er die Rechtsverhältnisse in der Schule regelt. Es müssen Vorkehrungen getroffen werden, wonach in der Schule nicht die religiösen und weltanschaulichen Grundsätze verletzt werden, nach denen die Eltern ihre Kinder erziehen wollen. Nach Art. 7 Abs. 1 GG steht das gesamte Schulwesen unter der Aufsicht des Staates. Dies bedeutet, dass dem Staat eine umfassende Gestaltungsfreiheit zusteht, aber auch eine besondere Fürsorgepflicht für die Schüler. Wenn ein Lehrer eine bestimmte politische oder religiöse Anschauung offen zur

Schau trägt, eventuell gar werbend, widerspricht dies dem Bildungs- und Erziehungsauftrag sowie der Fürsorgepflicht des Staates.

ee) Die vorgenannten kollidierenden Grundrechte und sonstige Verfassungsgüter stehen der (positiven) Glaubensfreiheit in einer multipolaren Konfliktsituation gegenüber. Verfassungsrechtliches Gebot ist es in solchen Fällen, **praktische Konkordanz** herzustellen, also die widerstreitenden Interessen in einen **schonenden Ausgleich** zu bringen.

Bei der danach gebotenen Abwägung ist hier zu berücksichtigen, dass das Kopftuchverbot **schwerwiegend** in die Glaubensfreiheit der betroffenen Musliminnen eingreift. Dies ist insbesondere dann der Fall, wenn eine muslimische Lehrerin das Tragen eines Kopftuches aus religiösen Gründen als für sich verbindlich ansieht. Dann berührt ein Kopftuchverbot die persönliche Identität (Art. 2 Abs. 1 i.V.m. Art. 1 Abs. 1 GG), sodass ein Verbot dieser Bedeckung im Schuldienst für sie sogar den Zugang zum Beruf verstellen kann (Art. 12 Abs. 1 GG). Dass auf diese Weise derzeit faktisch vor allem muslimische Frauen von der qualifizierten beruflichen Tätigkeit als Pädagoginnen ferngehalten werden, steht zugleich in einem rechtfertigungsbedürftigen Spannungsverhältnis zum Gebot der tatsächlichen Gleichberechtigung von Frauen (Art. 3 Abs. 2 GG). Vor diesem Hintergrund greift ein gesetzliches Bekundungsverbot in das Grundrecht auf Glaubens- und Bekenntnisfreiheit trotz der zeitlichen und örtlichen Begrenzung auf den schulischen Bereich mit ganz erheblichem Gewicht ein.

Dem steht in § 86 Abs. 3 SchulG die **lediglich abstrakte** und zudem landesweit unterschiedslos angenommene Gefahr gegenüber, dass das Kopftuch den Schulfrieden stört. Insofern erweist sich die Vorschrift als unzumutbare und damit unangemessene Beschränkung der Glaubensfreiheit.[10]

ff) Fraglich ist aber, ob § 86 Abs. 3 SchulG **verfassungskonform ausgelegt** werden kann. Sollte durch religiöse Bekundungen **im konkreten Fall** der **Schulfrieden** gestört werden, dann müssten Lehrerinnen und Lehrer zum Schutze der Grundrechte der Schüler/Eltern sowie der staatlichen Neutralität eine Einschränkung ihrer Glaubensfreiheit hinnehmen.[11] Solche konkrete Gefahren sind z.B. dann anzunehmen, wenn es in der Schule schon zu einer beachtlichen Zahl von Konflikten gekommen ist.

Ergebnis: Demzufolge ist § 86 Abs. 3 SchulG, bei verfassungskonformer Auslegung, materiell verfassungsgemäß und konkretisiert in verfassungskonformer Weise die verfassungsimmanenten Einschränkungsmöglichkeiten des Art. 4 Abs. 1, 2 GG. Die Regelung verstößt nicht gegen Art. 4 GG.

10 BVerfG RÜ 2015, 319.
11 BVerfG RÜ 2015, 319.

Fall 11: Art. 4 GG – Glaubens-/Religionsfreiheit (Sportunterricht)

Die 13-jährige A ist Schülerin auf einem städtischen Gymnasium. Sie ist Muslimin und sehr gläubig. Dementsprechend hält sie sich auch an die Lehren des Koran. Aus einer Sure des Koran geht hervor, dass Frauen ihre Reize nicht zur Schau stellen dürfen und ihre Körperkonturen nicht zeigen dürfen. Aus diesem Grunde beantragt der Vater V der A beim Schulleiter die Befreiung vom Sportunterricht.

Der Schulleiter verweigert dies, gestützt auf eine verfassungsgemäße Ermächtigungsgrundlage. Wenn A in Deutschland lebe, müsse sie sich auch an die hier herrschenden Moralvorstellungen, Sitten und Gebräuche halten. Zudem gehöre es zum Erziehungsauftrag der Schule, die Schüler zu selbstständigem Denken und Handeln zu erziehen. Die A müsse erkennen, dass das Gebot des Koran sie als Frau „diskriminiere".

Ist Art. 4 GG verletzt?

Art. 4 GG ist verletzt, wenn die Verweigerung der Befreiung vom Sportunterricht in verfassungsrechtlich nicht gerechtfertigter Weise in das Grundrecht der A eingreift.

I. Es müsste zunächst der **Schutzbereich** des Art. 4 GG **betroffen** sein. Nach Art. 4 Abs. 1 GG sind die Freiheit des Glaubens, des Gewissens und die Freiheit des religiösen und weltanschaulichen Bekenntnisses unverletzlich. Gemäß Art. 4 Abs. 2 GG wird die ungestörte Religionsausübung gewährleistet. Art. 4 Abs. 1 und 2 GG stellen ein **einheitliches Grundrecht** der genannten Freiheiten dar.

1. Dann müsste der islamische Glaube zunächst eine Religion i.S.d. Art. 4 Abs. 1, 2 GG darstellen. Art. 4 GG schützt jede spezifische Äußerung des religiösen oder weltanschaulichen Lebens. Es werden auch Überzeugungen geschützt, die anderen Kulturkreisen entstammen. Folglich ist auch der islamische Glaube Religion i.S.d. Art. 4 GG.

2. Fraglich ist jedoch, ob der Schutz des Art. 4 GG auch die Weigerung der A erfasst, am Sportunterricht teilzunehmen. Die Religionsfreiheit schließt das Recht des Einzelnen ein, **sein gesamtes Verhalten an den Lehren seines Glaubens auszurichten und seiner inneren Überzeugung nach zu handeln**. Dazu gehört aus der Sicht der A auch, keine enge Sportkleidung zu tragen und damit ihren Körper zur Schau zu stellen. Somit ist das Verhalten der A vom Schutzbereich der Religionsfreiheit erfasst.

II. Durch die Weigerung, A zu befreien, **greift** der Schulleiter final und unmittelbar in den Schutzbereich des Art. 4 GG **ein**.

III. Dieser Eingriff könnte **verfassungsrechtlich gerechtfertigt** sein.

1. Dafür müsste zunächst eine **Einschränkungsmöglichkeit (Schranke)** bestehen.

Art. 4 GG ist nach dem Wortlaut weder durch verfassungsunmittelbare Schranken noch durch einen Gesetzesvorbehalt einschränkbar. Doch auch schrankenlose Grundrechte werden über die Grundrechte Dritter und andere Werte von Verfassungsrang beschränkt, den sogenannten **verfassungsimmanenten Schranken**. Dementsprechend unterliegt Art. 4 GG nach h.M. den verfassungsimmanenten Schranken.

Als ein solcher Wert von Verfassungsrang kommt hier der **staatliche Bildungs- und Erziehungsauftrag aus Art. 7 Abs. 1 GG** in Betracht.

2. Fraglich ist, ob der Eingriff durch die Weigerung des Schulleiters eine **verfassungsgemäße Konkretisierung** der Schranke, also in Umsetzung des Art. 7 Abs. 1 GG, ist.

a) Die Ermächtigungsgrundlage, auf die der Schulleiter seine Ablehnung stützt, ist laut Sachverhalt verfassungsgemäß.

b) Die **Anwendung** durch den Schulleiter müsste jedoch auch **im Einzelfall verfassungsgemäß** sein. Dabei sind sich Art. 7 Abs. 1 GG und Art. 4 GG grundsätzlich gleichgeordnet. Daher müssen die verschiedenen Grundrechte im Sinne einer **praktischen Konkordanz** gegeneinander abgewogen werden.

Die durch **Art. 7 Abs. 1 GG** statuierte staatliche Schulaufsicht umfasst nicht nur die organisatorische Gliederung der Schule, sondern auch die inhaltliche Festlegung der Ausbildungsgänge und der Unterrichtsziele. Der Staat kann daher in der Schule grundsätzlich unabhängig von den Vorstellungen und Wünschen der Eltern eigene Erziehungsziele verfolgen. Dem Staat steht es daher frei, als Inhalt und Ziel des Sportunterrichts nicht allein die Förderung der Gesundheit der Schüler sowie die Entwicklung von sportlichen Fertigkeiten und Fähigkeiten, sondern zusätzlich z.B. die Einübung sozialen Verhaltens anzustreben und derart den Sportunterricht inhaltlich anzureichern und aufzuwerten (koedukativer Unterricht).

Bei der Wahrnehmung des mit Verfassungsrang ausgestatteten Bildungs- und Erziehungsauftrags muss der Staat die – gleichrangigen – Grundrechte von Eltern und Schülern beachten. Dies sind vor allem **Art. 6 Abs. 2 S. 1 GG** sowie **Art. 4 Abs. 1 und 2 GG**. A hat sich zur Begründung ihres geltend gemachten Anspruchs auf vollständige Befreiung vom koedukativen Sportunterricht auf ihre Glaubens- und Gewissensfreiheit berufen. Der Schutz der aus dem Koran gewonnenen Überzeugung ist nicht davon abhängig, ob sie im islamischen Raum allgemein oder nur von Strenggläubigen geteilt wird.

Der Konflikt kann bei einer **Abwägung** aller zu berücksichtigenden Gesichtspunkte in der Weise zu einem **schonenden Ausgleich** gebracht werden, dass der A ein Anspruch auf vollständige Befreiung vom Sportunterricht nur für den Fall zugestanden wird, dass der Sportunterricht für Mädchen ihres Alters ausschließlich in der Form eines koedukativen Unterrichts angeboten wird. Der aus Art. 7 Abs. 1 GG folgende Erziehungsauftrag wird dann nicht infrage gestellt, wenn der Staat dem Anliegen der A schon mit den ihm zu Gebote stehenden organisatorischen Mitteln Rechnung tragen kann. Das ist ihm in der Weise möglich, dass er anstelle eines koedukativ erteilten Sportunterrichts einen nach Geschlechtern getrennten Sportunterricht anbietet. Dadurch wird die Erfüllung des dem Staat obliegenden Erziehungsauftrags weder insgesamt noch auch nur in Bezug auf die Erteilung von Sportunterricht ernsthaft gefährdet.

Die Abwägung kann im Einzelfall argumentativ durchaus ein anderes Ergebnis ergeben. Maßgeblich kann z.B. sein, ob die Schülerin ansonsten am Sportunterricht teilnimmt, etwa mit langen Ärmeln, Hosen und Kopftuch. Dann wäre kein gravierender Unterschied zu einem Burkini im Schwimmunterricht erkennbar.

Ergebnis: Damit liegen die Voraussetzungen für eine Befreiung vor. Die Weigerung des Schulleiters stellt folglich einen verfassungsrechtlich nicht gerechtfertigten Eingriff in Art. 4 GG dar. Art. 4 GG ist demnach verletzt.

Fall 12: Art. 5 Abs. 1, Abs. 2 GG – Meinungsäußerung

V ist anerkannter Kriegsdienstverweigerer und verteilte im November 1989 von ihm verfasste Flugblätter. Darauf heißt es u.a.: „Soldaten sind potenzielle Mörder – weltweit, auch bei der Bundeswehr". Aufgrund einer Strafanzeige wurde V letztinstanzlich gemäß § 185 StGB wegen Beleidigung zu einer Geldstrafe verurteilt.

Ist V in seinem Grundrecht aus Art. 5 Abs. 1 S. 1 GG verletzt?

I. Dann müsste zunächst der **Schutzbereich** betroffen sein. Art. 5 Abs. 1 S. 1 GG schützt das Recht, seine Meinung frei zu äußern. In der Abgrenzung zu den beweisbaren Tatsachen stellen Meinungen Werturteile dar. Bei der Aussage des V, alle Soldaten seien potenzielle Mörder, handelt es sich nicht um eine beweisbare Tatsache, sondern um eine wertende Aussage. Der Schutzbereich der Meinungsfreiheit aus Art. 5 Abs. 1 S. 1 GG ist daher betroffen.[12]

II. Durch das Urteil, welches die Aussage des V sanktioniert, greift der Staat final unmittelbar in den geschützten Freiheitsbereich ein. Es liegt ein **Eingriff** im klassischen Sinne vor.

III. Dieser Eingriff könnte **verfassungsrechtlich gerechtfertigt** sein.

1. Dafür müsste eine **Einschränkungsmöglichkeit** (Schranke) bestehen. Art. 5 Abs. 1 S. 1 GG ist gemäß Art. 5 Abs. 2 GG u.a. zum **Schutz der persönlichen Ehre** einschränkbar. Diese Einschränkungsmöglichkeit hat der Gesetzgeber u.a. im Beleidigungstatbestand, § 185 StGB, aufgegriffen.

2. Fraglich ist, ob der Eingriff durch die strafgerichtliche Verurteilung, beruhend auf § 185 StGB, eine **verfassungsgemäße Konkretisierung** der Schranke ist.

a) Von der **formellen** und **materiellen Verfassungsmäßigkeit** des § 185 StGB ist auszugehen.

b) Des Weiteren müsste aber auch das **Urteil selbst verfassungsgemäß** sein.

Das BVerfG ist keine **Superrevisionsinstanz** und prüft deshalb grundsätzlich kein einfaches Recht.

Das BVerfG ist keine Superrevisionsinstanz. Es überprüft Urteile daher grundsätzlich nicht auf die Vereinbarkeit mit dem einfachen Recht, sondern lediglich, ob eine **spezifische Verfassungsverletzung** gegeben ist. Eine solche spezifische Verfassungsverletzung ist gegeben, wenn ein Grundrecht in der Entscheidung überhaupt nicht berücksichtigt wurde **(Anwendungsdefizit)**, ein Grundrecht zwar berücksichtigt wurde, aber Schutzbereich, Schranken oder die Verhältnismäßigkeit wesentlich verkannt wurden **(Fehlbewertung)** oder gegen die **Justizgrundrechte** verstoßen wurde.

Eine Überprüfung der spezifischen Verfassungsverletzungen setzt jedoch voraus, dass die Urteilsgründe bekannt sind. In Ermangelung von Urteilsgründen ist eine spezifische Prüfung hier nicht möglich.

Auch die Rechtsprechung ist gemäß Art. 20 Abs. 3 GG an Recht und Gesetz gebunden. Eine Verurteilung des V wegen Beleidigung gemäß § 185 StGB wäre damit wegen **Verletzung des Rechtsstaatsprinzips** jedenfalls dann keine verfassungsgemäße Konkretisierung, wenn es einfachgesetzlich

12 BVerfGE 93, 266 (Soldaten sind Mörder).

nicht rechtmäßig wäre. Fraglich ist daher, ob die Voraussetzungen des § 185 StGB gegeben sind.

Dafür müsste § 185 StGB tatbestandlich korrekt angewandt worden und die Verurteilung im konkreten Falle verhältnismäßig sein, und zwar auch insoweit, als dass das Grundrecht des V auf freie Meinungsäußerung selbst wiederum den Straftatbestand beschränkt und dieser im „Lichte des Grundrechtes" ausgelegt und angewandt werden muss.

In der Klausur müssen für eine Prüfung spezifischer Verfassungsverletzungen die Urteilsgründe mitgeteilt werden. Sollte dies nicht der Fall sein, wird (hilfsweise) doch einfachgesetzlich die Rechtmäßigkeit geprüft. Sollte das Urteil rechtswidrig sein, verstieße es automatisch gegen Art. 20 Abs. 3 GG und kann nicht in verfassungsrechtlich gerechtfertigter Weise in das Grundrecht eingreifen.

Dieser Berücksichtigung des Art. 5 Abs. 1 S. 1 GG trägt § 193 StGB Rechnung, wonach eine Beleidigung bei der Wahrnehmung berechtigter Interessen ausgeschlossen ist.

Ob V außer der Bundeswehr auch deren Soldaten unter einer Sammelbezeichnung beleidigt haben kann, ist zweifelhaft, weil der Kreis der Betroffenen groß und eine konkrete Beziehung der Äußerung des V auf bestimmte Soldaten nicht erkennbar ist. Nach h.M. können Einzelpersonen unter einer Gesamtbezeichnung beleidigt werden, wenn der Kreis der Betroffenen klar abgrenzbar aus der Allgemeinheit hervortritt und die Zuordnung des Einzelnen zweifelsfrei ist.[13] Bei den im aktiven Dienst der Bundeswehr stehenden Soldaten ist das der Fall. Außer der Bundeswehr als Institution ist daher auch der einzelne Soldat von der Äußerung betroffen.

Die Bezeichnung eines Menschen als „Mörder" oder „potenzieller Mörder" ist eine schwerwiegende Ehrkränkung, da mit diesem Wort in der Umgangssprache ein besonders verabscheuungswürdiger Verbrechertyp assoziiert wird.

Möglicherweise lässt die Äußerung des V aber auch eine abweichende, nicht ehrenrührige Deutung zu. In diesem Fall muss das Grundrecht auf freie Meinungsäußerung (Art. 5 Abs. 1 GG) bereits bei der Auslegung berücksichtigt werden, um zu verhindern, dass aus Furcht vor Bestrafung zulässige Äußerungen unterbleiben.[14] Vorliegend bezogen sich die Äußerungen des V ihrem Wortlaut nach nicht auf einzelne Soldaten oder speziell auf diejenigen der Bundeswehr. Das BVerfG schließt daraus, dass sich seine Äußerung genauso gut gegen das Soldatentum schlechthin gerichtet haben kann, das von V verurteilt wurde, weil es mit dem Töten anderer Menschen verbunden sei. Deshalb muss bei der Anwendung von § 185 StGB auf herabsetzende Äußerungen unter einer Sammelbezeichnung stets geprüft werden, ob durch sie überhaupt die „persönliche" Ehre der einzelnen Gruppenangehörigen beeinträchtigt wird.

In seinem Flugblatt hat V zwar ausdrücklich die Soldaten angesprochen. Dass sich seine Äußerung gleichwohl auf alle Soldaten der Welt bezog, hat er jedoch dadurch zum Ausdruck gebracht, dass er den Worten „auch bei der Bundeswehr" unmittelbar das Wort „weltweit" vorangestellt hat. Bei verfassungskonformer Auslegung enthält das von ihm verteilte Flugblatt somit keine Kränkung der Bundeswehr oder ihrer einzelnen Soldaten. Demzufolge entfällt unter Berücksichtigung der Meinungsfreiheit eine Beleidigung.

Ergebnis: Das Urteil stellt keine verfassungsgemäße Konkretisierung der Schranken des Art. 5 Abs. 1 S. 1 GG dar. V ist in seinem Grundrecht aus Art. 5 Abs. 1 S. 1 GG verletzt.

13 BGHSt 11, 206, 207.

14 BVerfGE 43, 130, 136; BVerfG NJW 1994, 2943 m.w.N.

Fall 13: Art. 5 Abs. 1, Abs. 2 GG – Meinungsäußerung, Schmähkritik

Rechtsanwalt R vertrat als Strafverteidiger den V, der Beschuldigter in einem Ermittlungsverfahren wegen Veruntreuung von Spendengeldern war, das ein großes Medieninteresse erregte. Bei der Verkündung des Haftbefehls gegen V kam es zu einer heftigen Auseinandersetzung zwischen der ermittelnden Staatsanwältin S und R, der der Ansicht war, sein Mandant werde zu Unrecht verfolgt. Am Abend desselben Tages führte Journalist J ein Interview mit R. Auf hartnäckiges Nachfragen des J und weil R immer noch verärgert über den Verlauf der Ermittlungen war, bezeichnete R die S in dem Telefonat mit J u.a. als „dahergelaufene", „durchgeknallte", „widerwärtige, boshafte, dümmliche" und „geisteskranke Staatsanwältin". R wurde daraufhin wegen Beleidigung (§ 185 StGB) zu einer Geldstrafe verurteilt. Die Äußerungen seien ehrverletzend. Durch sie wären der S in übertriebener Weise negative Eigenschaften und Verhaltensweisen zugeschrieben und ihr der sittliche und soziale Geltungswert abgesprochen worden. Eine Rechtfertigung nach § 193 StGB greife nicht ein. Anlass, Kontext und Zielrichtung der Äußerungen seien nicht mehr der Kampf um das Recht gewesen, sondern Ausdruck einer persönlichen Fehde gegen die ermittelnde Staatsanwältin, die als Schmähkritik nicht von der Meinungsfreiheit nach Art. 5 Abs. 1 S. 1 GG gedeckt sei.

Hätte eine zulässige Verfassungsbeschwerde des R Erfolg?

Die zulässige Verfassungsbeschwerde des R hat Erfolg, wenn sie begründet ist. Die Verfassungsbeschwerde ist begründet, soweit R durch die strafrechtliche Verurteilung in verfassungsspezifischer Weise in seinen Grundrechten verletzt ist (vgl. § 95 Abs. 1 BVerfGG). Hier kommt eine Verletzung der **Meinungsäußerungsfreiheit** aus Art. 5 Abs. 1 S. 1 Fall 1 GG in Betracht.

I. Dann müsste der **Schutzbereich** des Grundrechts **betroffen** sein. Nach Art. 5 Abs. 1 S. 1 Fall 1 GG hat jeder das Recht, seine **Meinung** in Wort, Schrift und Bild frei zu äußern und zu verbreiten. Dabei ist der Begriff „Meinung" weit zu verstehen. Darunter fallen alle Werturteile, aber auch Tatsachenbehauptungen, wenn und soweit sie zur Bildung von Meinungen beitragen können. Zu beachten ist, dass Art. 5 Abs. 1 S. 1 GG nicht nur sachlich differenzierte Äußerungen schützt, sondern gerade Kritik auch pointiert, polemisch und überspitzt erfolgen darf. Die Aussagen des R stellen Werturteile in Bezug auf S dar, die grundsätzlich von der Meinungsfreiheit geschützt sind, auch wenn R die Worte sehr scharf gewählt hat. Damit ist der Schutzbereich betroffen.[15]

II. Die strafgerichtliche Verurteilung sanktioniert die Äußerungen und stellt damit einen **Eingriff** in den Schutzbereich dar.

III. Dieser Eingriff könnte **verfassungsrechtlich gerechtfertigt** sein.

1. Dann müsste zunächst eine Einschränkungsmöglichkeit **(Schranke)** gegeben sein. Nach Art. 5 Abs. 2 GG finden die in Art. 5 Abs. 1 GG gewährten Freiheiten u.a. ihre Schranke in den **allgemeinen Gesetzen**. Dies sind sol-

15 BVerfG RÜ 2016, 650.

che, die sich nicht gegen eine Meinung als solche richten, sondern allgemein dem Schutz eines in der Rechtsordnung anerkannten Rechtsgutes dienen. Zu den allgemeinen Gesetzen zählen auch die §§ 185, 193 StGB.

2. Fraglich ist, ob das strafrechtliche Urteil, welches auf §§ 185, 193 StGB beruht, die Einschränkungsmöglichkeit in **verfassungsgemäßer Weise konkretisiert**.

a) Die strafrechtlichen **Vorschriften** als Grundlage der Verurteilung sind **verfassungsgemäß**.

b) Auch das **Urteil selbst** müsste verfassungsgemäß sein. Entscheidend ist damit, ob die Strafgerichte die §§ 185, 193 StGB grundrechtskonform angewendet haben. Dabei ist jedoch zu beachten, dass das BVerfG keine **Superrevisionsinstanz** ist, also nicht die Anwendung des einfachen Rechts, sondern lediglich das Vorliegen von **spezifischen Grundrechtsverletzungen** prüft.

Teilweise wird die Frage der spezifischen Grundrechtsverletzung schon im Rahmen der Zulässigkeit (Beschwerdebefugnis) geprüft, weil es um die Kennzeichnung der möglichen Grundrechtsverletzung durch die gerichtlichen Entscheidungen gehe. Dagegen spricht indes, dass Reichweite und Wirkung der Grundrechte materielle Fragen sind, die zur Begründetheitsprüfung gehören (so auch BVerfG).

Eine solche verfassungsspezifische Verletzung der Grundrechte ist insbesondere dann gegeben, wenn eines der in Betracht kommenden Grundrechte gar nicht berücksichtigt wurde **(Anwendungsdefizit)**, oder wenn die Auslegung und Anwendung des Rechts auf einer grundsätzlich falschen Anschauung von der Bedeutung und Tragweite eines Grundrechts beruhen **(Fehlbewertung)**.[16] Eine solche Fehlbewertung liegt u.a. dann vor, wenn die Gerichte bei der Auslegung und Anwendung der einschlägigen einfach-rechtlichen Vorschriften die betroffenen Grundrechte nicht ausreichend interpretationsleitend berücksichtigt haben. Das verlangt **in der Regel eine Abwägung der widerstreitenden grundrechtlich geschützten Belange**, die im Rahmen der auslegungsfähigen Tatbestandsmerkmale des einfachen Rechts vorzunehmen ist und die besonderen Umstände des Einzelfalls zu berücksichtigen hat. Einen **Sonderfall** bilden aber herabsetzende Äußerungen, die sich als **Schmähung (Schmähkritik)**, **Formalbeleidigung** oder als **Verletzung der Menschenwürde** darstellen. Dann ist ausnahmsweise keine Abwägung zwischen der Meinungsfreiheit und dem Persönlichkeitsrecht notwendig, weil die Meinungsfreiheit regelmäßig hinter dem Ehrenschutz zurücktreten wird. Wegen seiner die Meinungsfreiheit verdrängenden Wirkung ist der Begriff der Schmähung **eng auszulegen**. Eine Schmähung ist erst dann gegeben, wenn nicht mehr die Auseinandersetzung in der Sache, sondern – jenseits auch polemischer und überspitzter Kritik – die **Diffamierung der Person** im Vordergrund steht.

Die strafrechtliche Verurteilung des R basiert auf der Annahme des Gerichts, es handele sich um eine Schmähkritik, sodass die Meinungsäußerung des R auch ohne Abwägung hinter dem Persönlichkeitsrecht der S zurücktreten müsse. Eine Abwägung der widerstreitenden Grundrechte hat demnach nicht stattgefunden. Das Urteil leidet daher an einer wesentlichen **Fehlbewertung, wenn die Äußerungen des R nicht als Schmähung** zu werten wären.

Zwar sind die in Rede stehenden Äußerungen des R ausfallend scharf und beeinträchtigen die Ehre der S in besonderem Maße. Die angegriffene Ver-

16 Vgl. im Einzelnen B-Basiswissen Grundrechte (2024), S. 113 f.

urteilung legt aber nicht in einer den besonderen Anforderungen für die Annahme einer Schmähung entsprechenden Weise dar, dass der ehrbeeinträchtigende Gehalt der Äußerungen von vornherein außerhalb jedes in einer Sachauseinandersetzung wurzelnden Verwendungskontextes stand. R reagierte auf einen Anruf von einem mit dem Verfahrensstand vertrauten Journalisten, der ihn in seiner Eigenschaft als Strafverteidiger zu dem Ermittlungsverfahren gegen seinen Mandanten und dessen Inhaftierung befragte. In diesem Kontext ist es **jedenfalls möglich**, dass sich die Äußerungen auf das dienstliche Verhalten der Staatsanwältin, vor allem mit Blick auf die Beantragung des Haftbefehls, bezogen. Für die Annahme einer Schmähung reicht es unter diesen Umständen nicht, wenn das Gericht nur darauf abstellt, dass die Äußerungen dabei nicht relativiert wurden oder auf ganz bestimmte einzelne Handlungen der betreffenden Staatsanwältin Bezug nahmen. Es hätte insoweit, in Auseinandersetzung mit der Situation, näherer Darlegungen bedurft, dass sich die Äußerungen von dem Ermittlungsverfahren völlig gelöst hatten oder der Verfahrensbezug nur als mutwillig gesuchter Anlass oder Vorwand genutzt wurde, **um die Staatsanwältin** als solche **zu diffamieren**. Solange solche Feststellungen nicht getroffen sind, hätte R nicht wegen Beleidigung verurteilt werden dürfen, ohne eine **Abwägung zwischen seiner Meinungsfreiheit und dem Persönlichkeitsrecht** der Staatsanwältin vorzunehmen. Die Strafgerichte haben die Äußerungen des R damit **unzutreffend als Schmähung eingestuft**, mit der Folge, dass die gebotene Abwägung unterblieben ist. Dadurch haben sie Bedeutung und Tragweite der Meinungsfreiheit verkannt.

Das BVerfG hebt die angefochtenen Entscheidungen auf und verweist die Sache zur erneuten Entscheidung an das Strafgericht zurück (§ 95 Abs. 2 BVerfGG). Dieses muss die gebotene Abwägung nachholen, kann dabei allerdings mit entsprechender Begründung die Verurteilung wegen Beleidigung aufrechterhalten.

Ergebnis: Das Urteil verletzt demzufolge das Grundrecht der Meinungsfreiheit des R (Art. 5 Abs. 1 S. 1 Fall 1 GG) in verfassungsspezifischer Weise. Die Verfassungsbeschwerde ist begründet und erfolgreich.

Fall 14: Art. 5 Abs. 1 S. 1 Hs. 2, Abs. 2 GG – Informationsfreiheit

Stellen Sie sich vor, dass der türkische Staatsangehörige B mit seiner Familie eine Mietwohnung in einem Mehrfamilienhaus in E bewohnte. Das Haus verfügte über eine Gemeinschaftsantenne, über die fünf deutsche Fernsehprogramme empfangen werden konnten. B bat seine Vermieterin, die Wohnungsbaugesellschaft W, der Installation einer Parabolantenne zuzustimmen, damit er auch türkische Fernsehprogramme empfangen könne. W verweigerte ihre Genehmigung, da feststand, dass ein Kabelanschluss verlegt werden würde, mit dem ein türkischer Sender zu empfangen wäre.

Vor den Zivilgerichten war B mit einer Klage mit der Begründung erfolglos, dass die Errichtung einer Satellitenempfangsanlage nicht zum vertragsgemäßen Gebrauch einer Mietwohnung gehörte, sondern es sich dabei um eine „Sondernutzung" handelte, die mit Interessen anderer Mieter nicht zu vereinbaren wären. Zudem könne die Informationsbedürftigkeit des B durch türkische Hörfunksendungen, Videobänder und die Übersetzung deutscher Nachrichten ausreichend befriedigt werden. Gegen das letztinstanzliche Urteil erhob B fristgemäß Verfassungsbeschwerde.

Wird durch das Urteil Art. 5 GG verletzt?

Das angegriffene Urteil könnte B in seinem **Grundrecht auf Informationsfreiheit gemäß Art. 5 Abs. 1 S. 1 Hs. 2 GG** verletzen.

I. Es müsste der **Schutzbereich** des Art. 5 Abs. 1 S. 1 Hs. 2 GG **betroffen** sein. Art. 5 Abs. 1 S. 1 Hs. 2 GG gewährleistet jedermann das Recht, sich aus allgemein zugänglichen Quellen ungehindert zu unterrichten. Für die Persönlichkeitsentfaltung des Einzelnen und die Aufrechterhaltung der demokratischen Ordnung ist die Informationsfreiheit ebenso wichtig wie die Freiheit der freien Meinungsäußerung und der Medienberichterstattung.

Der Schutzbereich der Informationsfreiheit ist jedoch sachlich eingegrenzt. Geschützt sind lediglich **Informationen, die aus allgemein zugänglichen Quellen** stammen. Allgemein zugänglich ist eine Informationsquelle, wenn sie geeignet und bestimmt ist, der Allgemeinheit, also einem individuell nicht bestimmbaren Personenkreis, Informationen zu verschaffen. Dabei macht das Grundgesetz keinen Unterschied zwischen in- und ausländischen Informationsquellen.

Daher sind auch alle ausländischen Programme, deren Empfang in der Bundesrepublik Deutschland möglich ist, allgemein zugänglich i.S.v. Art. 5 Abs. 1 S. 1 Hs. 2 GG.

Nach Auffassung des BVerfG erstreckt sich der Grundrechtsschutz auch auf die Beschaffung und Nutzung der Empfangsmittel, die eine an die Allgemeinheit gerichtete Information erst individuell erschließen. Ansonsten wäre das Grundrecht in Bereichen, in denen der Informationszugang technische Hilfsmittel voraussetzt, praktisch wertlos. Daher ist die Installation einer Parabolantenne, die den Empfang von Rundfunkprogrammen, die über Satellit ausgestrahlt werden, erst ermöglicht, von dem Grundrecht der Informationsfreiheit gemäß Art. 5 Abs. 1 S. 1 Hs. 2 GG geschützt.

Der Schutzbereich ist betroffen.

II. Das Urteil **greift** zielgerichtet und unmittelbar in die Informationsfreiheit des B **ein**.

III. Das Urteil könnte in **verfassungsrechtlich gerechtfertigter** Weise in das Grundrecht eingreifen.

1. Die Freiheiten des Art. 5 Abs. 1 GG sind durch allgemeine Gesetze **einschränkbar**, Art. 5 Abs. 2 GG. **Allgemeine Gesetze** sind solche, die nicht gezielt bestimmte Kommunikationsinhalte verbieten. Das Urteil wird auf die §§ 535, 536, 242 BGB gestützt. Diese stellen allgemeine Gesetze dar.

2. Fraglich ist, ob das Urteil, welches auf den §§ 535, 536, 242 BGB beruht, eine **verfassungsgemäße Konkretisierung** der Schranke ist.

Soweit die Verfassungsmäßigkeit eines Gesetzes im Sachverhalt nicht problematisiert ist, kann davon ausgegangen werden.

a) Von der **Verfassungsmäßigkeit der Vorschriften** des BGB kann ausgegangen werden.

b) Die **Auslegung** der Zivilrechtsnormen **durch das Zivilgericht** müsste ihrerseits verfassungsgemäß sein. Fraglich ist somit, ob das Zivilgericht bei der Auslegung der §§ 535, 536, 242 BGB („vertragsgemäßer Gebrauch, Treu und Glauben") die Grundrechte des B verkannt hat.

Allerdings könnte die grundrechtlich verbürgte Informationsfreiheit des B mit den ebenfalls über Art. 14 GG grundrechtlich geschützten Interessen an einer optisch ungeschmälerten Erhaltung des Wohnhauses des Vermieters kollidieren.

Diese Interessenkollision ist durch eine die Wertungen der Verfassung beachtende Zuordnung der Rechtspositionen nach den Regeln der **praktischen Konkordanz** aufzulösen. Das bedeutet, dass im konkreten Fall die Rechtspositionen so zu schützen und zu begrenzen sind, dass beide zu optimaler Wirksamkeit gelangen.

Für Parabolantennen gilt dabei insbesondere, dass der Vermieter die Zustimmung zur Errichtung nur dann erteilen muss, wenn er weder eine Gemeinschaftsparabolantenne noch einen Breitbandkabelanschluss bereit stellt.[17] Diese Auslegung beruht auf der Erwägung, dass das grundrechtlich geschützte Informationsinteresse des Mieters im Rahmen der Güter- und Interessenabwägung die Eigentümerinteressen an einem unveränderten Erhalt des Wohnhauses regelmäßig überwiegt. Denn während die Informationseinbußen erheblich seien, ließen sich die meist nur ästhetischen Beeinträchtigungen mildern oder durch gemeinschaftliche Empfangsanlagen ganz vermeiden. Somit führen diese Überlegungen in der Regel zu einem gerechten Interessenausgleich.

Allerdings sind immer die **Besonderheiten des Einzelfalles** zu betrachten. Es muss auch den Besonderheiten der dauerhaft in Deutschland lebenden Ausländer Rechnung getragen werden. Diese haben ein anerkennenswertes Interesse, die Programme ihres Heimatlandes zu empfangen, um sich über das dortige Geschehen unterrichten und die kulturelle und sprachliche Verbindung aufrecht erhalten zu können. Diese Möglichkeit besteht angesichts der kleinen Zahl ausländischer Programme, die in inländische

17 BVerfG NJW 1993, 1252, 1253; BVerfG NJW 1994, 1147, 1148.

Kabelnetze eingespeist werden, meist nur mittels einer Satellitenempfangsanlage. Ein Verweis auf türkische Videobänder oder die Übersetzung deutscher Nachrichten entbehrt jeglicher Aktualität und trägt der Informationsfreiheit nicht ausreichend Rechnung, weil Art. 5 Abs. 1 S. 1 Hs. 2 GG jedem das Recht gibt, zu entscheiden, aus welchen allgemein zugänglichen Quellen er sich unterrichten möchte, sodass der Verweis auf anderweitige Informationsmöglichkeiten nicht in die Abwägung einzubeziehen ist. Das gilt auch für den Verweis auf andere, ohne Parabolantenne zu empfangende Fernsehprogramme.

Daher bedeutet die Verweigerung einer Parabolantenne im konkreten Fall, in dem die Heimatprogramme nicht schon über Kabel empfangen werden können, eine erhebliche Beeinträchtigung der Informationsfreiheit, sodass das letztinstanzliche Urteil auf der Verkennung des Grundrechts der Informationsfreiheit des B beruht.

Ergebnis: Art. 5 Abs. 1 S. 1 Hs. 2 GG ist verletzt.

Fall 15: Art. 5 Abs. 1 S. 2 GG – Auskünfte vom Bundesnachrichtendienst

K ist Chefreporter der B-Zeitung. Er begehrt vom Bundesnachrichtendienst (BND) Auskunft darüber, wie viele ehemalige Mitarbeiter des BND eine nationalsozialistische Vergangenheit gehabt haben. Zur Begründung verweist K darauf, die Debatte über vorbelastete BND-Mitarbeiter habe bereits in den 1950er Jahren begonnen und dauere an. Sie sei wichtig, um geschehenes Unrecht aufzuarbeiten und den Opfern Genugtuung zu verschaffen. Sie sei auch wichtig, um künftigem Unrecht vorzubeugen. Als Journalist habe er die Funktion als „public watchdog". Der BND verweist darauf, dass er sich nur gegenüber der Bundesregierung und den geheim tagenden Gremien des Bundestages äußere. Im Übrigen könnten die von K begehrten Informationen nur mit unverhältnismäßigem Aufwand ermittelt werden. Eine etwaige Mitgliedschaft in Organisationen des NS-Regimes sei nicht zentral erfasst worden; deshalb stehe kein zentraler Aktenbestand zur Verfügung. Zur Darstellung eines Personalprofils des BND müsse eine Gesamtschau der im Archiv vorhandenen Akten erfolgen, die zum Teil noch gar nicht erschlossen seien; die begehrten Informationen lägen zurzeit nur fragmentarisch vor. K macht geltend, dass sich ein Auskunfts- und Informationsanspruch unmittelbar aus Art. 5 Abs. 1 S. 2 GG ergebe. Zu Recht?

Hinweis: Gehen Sie davon aus, dass K kein Anspruch aus dem LPresseG sowie aus dem InformationsfreiheitsG zusteht.

Fehlen einfach-gesetzliche Anspruchsgrundlagen, so kann sich der Anspruch ausnahmsweise unmittelbar aus Grundrechten, hier dem Grundrecht der **Pressefreiheit** nach Art. 5 Abs. 1 S. 2 GG ergeben.

I. Nach Art. 5 Abs. 1 S. 2 GG wird die **Pressefreiheit** gewährleistet. Art. 5 Abs. 1 S. 2 GG gewährleistet **nicht nur ein Abwehrrecht** gegen staatliche Eingriffe, sondern garantiert darüber hinaus in seinem objektivrechtlichen Gehalt **die institutionelle Eigenständigkeit der Presse**. Der Gesetzgeber hat daher die Pflicht, der Presse eine funktionsgemäße Betätigung zu ermöglichen. Dazu zählt auch die Schaffung von behördlichen Auskunftspflichten, die es der Presse erleichtern oder in Einzelfällen sogar überhaupt erst ermöglichen, ihre Kontroll- und Vermittlungsfunktionen zu erfüllen, die in der repräsentativen Demokratie unerlässlich sind.

II. Bleibt der Gesetzgeber untätig, muss **unmittelbar auf das Grundrecht** aus Art. 5 Abs. 1 S. 2 GG als Rechtsgrundlage für pressespezifische Auskunftspflichten zurückgegriffen werden.[18] Zwar sind Ansprüche, unmittelbar aus den Grundrechten hergeleitet, die Ausnahme. Aber ohne einen solchen Rückgriff liefe die Pressefreiheit in ihrem objektivrechtlichen Gewährleistungsgehalt leer.

Inwieweit presserechtliche Auskunftsansprüche bestehen, regelt grundsätzlich der Gesetzgeber. Diesem steht eine **Einschätzungs- und Ausgestaltungsprärogative** hinsichtlich der Frage zu, wie weitgehend der Pres-

18 BVerwG, RÜ 2016, 42, 43.

se Auskunftsansprüche eingeräumt werden. Aus der Pressefreiheit ergibt sich daher, genau wie aus der Informations- und Rundfunkfreiheit, **kein Anspruch auf Informationsbeschaffung**. Dementsprechend ist ein verfassungsunmittelbarer Auskunftsanspruch auf das Niveau eines „Minimalstandards" zu begrenzen, den auch der Gesetzgeber nicht unterschreiten dürfte. Der Umfang des durch Art. 5 Abs. 1 S. 2 GG gewährleisteten Informationszugangs beschränkt sich damit auf die bei der Behörde tatsächlich vorhandenen Informationen.

Hinweis: Neben der Einschränkung, dass die Information bei der Behörde bereits vorhanden ist, dürfen auch „berechtigte schutzwürdige Interessen Privater oder öffentlicher Stellen an der Vertraulichkeit nicht entgegenstehen." Der verfassungsunmittelbare Auskunftsanspruch erfordert daher eine Abwägung des Informationsinteresses der Presse mit den gegenläufigen schutzwürdigen Interessen im Einzelfall.[19]

Die von K gestellten Fragen nach etwaigen Mitgliedschaften in Organisationen des NS-Regimes betreffen keine beim BND bereits vorhandenen Informationen. Diese sind nicht zentral erfasst worden, sodass kein zentraler Aktenbestand zur Verfügung steht, in dem solche Zahlen ablesbar sind. Die von K begehrten Auskünfte betreffen demnach keine beim BND vorhandenen Informationen, sodass Art. 5 Abs. 1 S. 2 GG als Anspruchsgrundlage ausscheidet.

Ergebnis: K hat keinen Auskunfts- und Informationsanspruch aus Art. 5 Abs. 1 S. 2 GG gegen den BND.

Anmerkung: *Den presserechtlichen Auskunftsanspruch aus der Pressefreiheit und weitere Informationsansprüche behandeln wir auch in der Folge „Informationsansprüche gegen Bundesbehörden" unseres* ***AS-Podcasts „Die Juraflüsterer"****. Direkt zur Folge geht es über den QR-Code.*

19 BVerwG, NVwZ 2020, 305, 306.

Fall 16: Art. 5 Abs. 3 GG – Kunstfreiheit

Der Roman „Josefine Mutzenbacher – Die Lebensgeschichte einer wienerischen Dirne, von ihr selbst erzählt" wurde im Anschluss an zwei strafgerichtliche Entscheidungen 1968 in die Liste jugendgefährdender Schriften als „schwergefährdende Schrift i.S.v. § 6 Nr. 3 GjS" (heute: § 18 JuSchG) aufgenommen. Begründet wurde dies mit der nahezu ausschließlichen Darstellung sexueller Kontakte zwischen Jugendlichen und Erwachsenen, Geschwistern und Eltern in detaillierter Form von der ersten bis zur letzten Seite.

Der R-Verlag hat nunmehr den Roman als Taschenbuch neu herausgebracht. Er beantragt die Streichung des Romans aus der Liste, aufgrund der heute liberaleren Einstellung zum Sexualbereich. Die Bundesprüfstelle hat den Antrag auf Wiederaufgreifen in der Sache abgewiesen und gleichzeitig die Neuauflage wegen § 18 JuSchG erneut indiziert. Klagen des R-Verlages blieben in allen Instanzen erfolglos.

Ist der R-Verlag in Art. 5 Abs. 3 GG verletzt?

***Anmerkung:** Gehen Sie davon aus, dass das JuSchG verfassungsgemäß ist.*

I. Dann müsste zunächst der **Schutzbereich** der Kunstfreiheit **betroffen** sein. Gemäß Art. 5 Abs. 3 GG ist Kunst frei. Fraglich ist demnach, was **Kunst** ist.

Das BVerfG verwendet nebeneinander mehrere Kunstbegriffe:

Formeller Kunstbegriff

Nach dem **formellen Kunstbegriff** liegt Kunst dann vor, wenn das Werk Strukturmerkmale aufweist, aufgrund derer es einem bestimmten Werktyp zugeordnet werden kann, z.B. Malerei oder Dichtung.

Materieller Kunstbegriff

Nach dem **materiellen Kunstbegriff** liegt Kunst dann vor, wenn das Werk „das geformte Ergebnis einer freien schöpferischen Gestaltung ist, in dem der Künstler seine Eindrücke, Erfahrungen und Erlebnisse zu unmittelbarer Anschauung bringt, und das auf kommunikative Sinnvermittlung nach außen gerichtet ist".

Offener Kunstbegriff

Nach dem **offenen Kunstbegriff** liegt Kunst vor, wenn das Werk interpretationsfähig und -bedürftig sowie vielfältigen Interpretationen zugänglich ist.

Beachte: Die verschiedenen Kunstbegriffe stehen nebeneinander; ausreichend ist, dass nach einem der Begriffe „Kunst" vorliegt; die Frage ist **nicht** als Streit darzustellen!

Der Roman lässt eine Reihe von Interpretationen zu, die auf eine künstlerische Absicht schließen lassen. Dass der Roman möglicherweise als Pornographie anzusehen ist, nimmt ihm nicht die Kunsteigenschaft. Kunst und Pornographie schließen sich nicht aus. Die Kunsteigenschaft darf nicht von einer staatlichen Stil-, Niveau- und Inhaltskontrolle oder von einer Beurteilung der Wirkungen des Kunstwerks abhängig gemacht werden.[20]

Demzufolge handelt es sich bei dem Roman um Kunst.

Werkbereich und Wirkbereich; die Abgrenzung kann auch im „Eingriff" vorgenommen werden.

Art. 5 Abs. 3 GG schützt sowohl das Recht, sich künstlerisch zu betätigen, den sog. **Werkbereich**, als auch das Recht, das künstlerische Werk öffent-

20 Vgl. auch BVerfGE 83, 130.

lich zu verbreiten, den sog. **Wirkbereich**. Vorliegend ist der Wirkbereich betroffen.

Der Schutzbereich ist somit betroffen.

II. Die Weigerung der Bundesprüfstelle und die diese Entscheidung bestätigenden Urteile greifen final unmittelbar in die Kunstfreiheit des R ein. Ein **Eingriff** ist gegeben.

III. Dieser könnte **verfassungsrechtlich gerechtfertigt** sein.

1. Dafür müsste zunächst eine **Einschränkungsmöglichkeit** (Schranke) gegeben sein.

Nach dem **Wortlaut** des Art. 5 Abs. 3 GG wird die Kunstfreiheit **vorbehaltlos** gewährt. Jedoch können auch Grundrechte ohne Gesetzesvorbehalt nicht schrankenlos gewährleistet werden.

Sie unterliegen den **verfassungsimmanenten Schranken**, sodass Eingriffe gerechtfertigt sind zum Schutze kollidierenden Verfassungsrechts. Als solches kommt hier der Jugendschutz in Betracht. Der Jugendschutz, der in Art. 5 Abs. 2 GG ausdrücklich erwähnt ist, genießt vor allem aufgrund des in Art. 6 Abs. 2 S. 1 GG verbrieften elterlichen Erziehungsrechts Verfassungsrang. Das JuSchG will Störungen des grundrechtlich gewährleisteten Erziehungsrechts der Eltern vorbeugen. Verfassungsrang kommt dem Kinder- und Jugendschutz daneben aus Art. 1 Abs. 1 i.V.m. Art. 2 Abs. 1 GG zu.

Verfassungsimmanente Schranken = Grundrechte Dritter, andere Werte von Verfassungsrang

Das Jugendschutzgesetz dient dem Schutz der Jugend und damit einem Ziel von Verfassungsrang.

2. Fraglich ist, ob der Eingriff durch die Entscheidung der Bundesprüfstelle, beruhend auf § 18 JuSchG, eine **verfassungsgemäße Konkretisierung** der Schranke ist.

a) § 18 JuSchG ist **formell** und **materiell verfassungsgemäß**.

b) Bei der **konkreten Anwendung** von § 18 JuSchG könnte die Bundesprüfstelle jedoch Verfassungsrecht verletzt haben.

Zu prüfen ist daher, ob die Entscheidung im konkreten Fall **die widerstreitenden Belange der vorbehaltlos gewährleisteten Kunstfreiheit und des Kinder- und Jugendschutzes zur praktischen Konkordanz gebracht hat**. Keinem der Rechtsgüter kommt dabei von vornherein Vorrang gegenüber dem anderen zu. Dies gilt auch für Schriften, die von § 18 Abs. 1 JuSchG erfasst werden. Auch diese dürfen nur nach einer umfassenden Abwägung mit den widerstreitenden Belangen der Kunstfreiheit in die Liste jugendgefährdender Schriften aufgenommen werden.

Aufseiten des Kinder- und Jugendschutzes hat die Bundesprüfstelle die gesetzgeberische Entscheidung zu akzeptieren, dass Schriften i.S.d. § 18 Abs. 1 JuSchG überhaupt geeignet sein können, Kinder und Jugendliche in ihrer charakterlich-sittlichen Entwicklung, d.h. in der Herausbildung ihrer Persönlichkeit, zu beeinträchtigen. Dabei ist allerdings zu berücksichtigen, dass der Umgang mit der Sexualität und erotischen Darstellungen auch in der Gesellschaft immer freier geworden ist.

Für die Gewichtung der Kunstfreiheit ist von Bedeutung, in welchem Maße gefährdende Schilderungen in ein künstlerisches Konzept eingebunden sind. Die Kunstfreiheit umfasst auch die Wahl eines jugendgefährdenden, insbesondere Gewalt und Sexualität betreffenden Themas sowie dessen Be- und Verarbeitung nach der vom Künstler selbst gewählten Darstellungsart. Sie wird umso eher Vorrang beanspruchen können, je mehr die den Jugendlichen gefährdenden Darstellungen künstlerisch gestaltet und in die Gesamtkonzeption des Kunstwerkes eingebettet sind. Weiterhin kann für die Bestimmung des Gewichts auch dem Ansehen, dass ein Werk beim Publikum genießt, indizielle Bedeutung zukommen. Echo und Wertschätzung, die es in Kritik und Wissenschaft gefunden hat, können Anhaltspunkte für die Beurteilung ergeben, ob der Kunstfreiheit Vorrang einzuräumen ist.

Gerade unter Berücksichtigung der gewandelten gesellschaftlichen Akzeptanz eines lockeren Umganges mit Erotik und Sexualität ist die Kunstfreiheit hier höher zu bewerten. Die Entscheidung der Bundesprüfstelle verstößt dementsprechend gegen Art. 5 Abs. 3 GG.

Ergebnis: Der R-Verlag ist in Art. 5 Abs. 3 GG verletzt.

Fall 17: Art. 6 Abs. 2 GG – Elterliches Erziehungsrecht

Die Masern sind eine der ansteckendsten Krankheiten überhaupt. Insbesondere bei Kleinkindern und Säuglingen besteht eine besonders hohe Gefahr dafür, dass während der Krankheit Komplikationen auftreten können. So kann insbesondere eine Hirnentzündung (Enzephalitis) auftreten, die in bis zu 20 % der Fälle tödlich endet und in bis zu 30 % der Fälle zu dauerhaften Schädigungen führt.

Um einerseits insbesondere Kleinkinder und Säuglinge zu schützen, aber auch um Menschen, die aus medizinischen Gründen nicht geimpft werden können zu schützen, sollen nach dem Willen des Bundestages die Masern ausgerottet werden. Dafür ist eine Immunitätsrate von 95 % der Bevölkerung notwendig, sodass sich die Masern nicht mehr verbreiten können (sog. Herdenimmunität). Daher beschließt der Bundestag formell verfassungsgemäß eine Änderung des Infektionsschutzgesetzes (IfSG). Nach dessen neuem § 20 Abs. 8 IfSG wird eine Impfpflicht für Kinder und für Mitarbeiter in Kindergärten, Kitas und für Tagesmütter/-väter eingeführt.

Die Eheleute M und F sind Impfgegner und wollen ihr Kleinkind nicht impfen lassen. Sie begründen ihre ablehnende Haltung damit, dass es, was zutrifft, zu Impfreaktionen bei den Kleinkindern kommen kann (z.B. Fieber, Hautausschläge nach 7 bis 14 Tagen). Zudem wollen sie ihrem Kind den „Piekser" mit der Nadel ersparen. Eine solche Entscheidung könnten nur die Eltern treffen, aber nicht der Staat. Zudem wäre nach wissenschaftlichen Erhebungen pro Jahr nur ca. eine Person von 150.000 Einwohnern von einer Masern-Infektion betroffen.

M und F meinen, dass die Impfpflicht ihr Elternrecht aus Art. 6 Abs. 2 GG verletzt. Trifft diese Auffassung zu?

Hinweis: Andere Grundrechte, insbesondere Art. 2 Abs. 2 S. 1 GG des zu impfenden Kindes, sind nicht zu prüfen.

Die Impfpflicht aus § 20 Abs. 8 IfSG verletzt die Eltern in ihrem **Elternrecht aus Art. 6 Abs. 2 GG**, wenn ein nicht gerechtfertigter Eingriff in den Schutzbereich gegeben ist.

I. Es müsste zunächst der **Schutzbereich** des Art. 6 Abs. 2 GG **betroffen** sein. Nach Art. 6 Abs. 2 S. 1 GG sind die **Pflege** und **Erziehung der Kinder** das Recht (und die Pflicht) der Eltern. Zur Pflege des Kindes gehört auch die sog. **Gesundheitsfürsorge**, wonach die Entscheidungen über medizinische Maßnahmen den Eltern obliegt. Insbesondere wegen der möglichen Nebenwirkungen einer Impfung unterfällt die Entscheidung, ob ein Kind geimpft werden soll oder nicht, dem elterlichen Erziehungsrecht aus Art. 6 Abs. 2 S. 1 GG. Damit ist der Schutzbereich betroffen.

II. Die Impfpflicht müsste in den Schutzbereich **eingreifen.** Ein Eingriff in das Elternrecht stellt jede staatliche Maßnahme dar, die das **Elternrecht im Verhältnis zum Kind** beschränkt. Die in § 20 Abs. 8 IfSG geregelte Impfpflicht entzieht den Eltern die Entscheidung, **„ob"** ihr Kind geimpft wird völlig und beschränkt daher das Elternrecht. Ein Eingriff liegt vor.

III. Dieser Eingriff könnte **verfassungsrechtlich gerechtfertigt** sein.

1. Dann müsste zunächst eine **Einschränkungsmöglichkeit** bestehen. Eine Schranke ergibt sich aus dem **staatlichen Wächteramt** (Art. 6 Abs. 2 S. 2 GG), wonach die staatliche Gemeinschaft über die Betätigung der Eltern wacht. Das staatliche Wächteramt wird als **qualifizierter Gesetzesvorbehalt** verstanden, der vor **schwerwiegenden Beeinträchtigungen** des Kindeswohls schützen soll.

Daneben gelten die **verfassungsimmanenten Schranken**, also die Grundrechte Dritter und andere Werte von Verfassungsrang. Dabei kommen hier vorrangig das **Leben und die körperliche Unversehrtheit** (Art. 2 Abs. 2 S. 1 GG) der zu impfenden Kinder, aber auch der Menschen, die selbst aus medizinischen Gründen nicht geimpft werden können in Betracht. Auch (und gerade) immanente Schranken müssen nach dem Grundsatz vom Vorbehalt des Gesetzes vom Gesetzgeber umgesetzt werden.

Es bedarf demnach einer parlamentsgesetzlichen Grundlage, die mit § 20 Abs. 8 IfSG geschaffen wurde.

2. Der Eingriff ist nur dann durch die Verfassung zu rechtfertigen, wenn § 20 Abs. 8 IfSG die Einschränkungsmöglichkeiten **in verfassungsgemäßer Art und Weise konkretisiert**. Dafür müsste § 20 Abs. 8 IfSG verfassungsgemäß sein.

a) Das Gesetz wurde formell verfassungsgemäß beschlossen.

b) Die Impfpflicht müsste auch **materiell verfassungsgemäß**, also insbesondere **verhältnismäßig** sein.

aa) Dann müsste der Gesetzgeber mit der Impfpflicht ein **legitimes Ziel** verfolgen. Ziel der Impfpflicht ist der Schutz des **Lebens** und der **Gesundheit** der zu impfenden Kinder, aber auch der Menschen, die selbst aus medizinischen Gründen nicht geimpft werden können. Dabei handelt es sich um legitime Ziele.

bb) Die Impfpflicht nach § 20 Abs. 8 IfSG müsste auch **geeignet** sein. Eine Maßnahme ist geeignet, wenn sie die Erreichung des Ziels zumindest fördert. Eine Impfquote von 95 %, die durch eine Pflicht zur Impfung erreicht werden würde, führt zu einer „Herdenimmunität", sodass sich die Masern nicht mehr verbreiten können. Demnach ist die Maßnahme geeignet.

cc) Daneben müsste die Pflicht auch **erforderlich** sein. Eine Maßnahme ist erforderlich, wenn sie von mehreren geeigneten Maßnahmen die am wenigsten belastende Maßnahme darstellt.

(1) Als weniger belastende Maßnahme könnte auf eine stärkere Aufklärung der Bevölkerung über die Vorteile einer Impfung und daraus resultierend eine freiwillig durchgeführte Impfung zurückgegriffen werden. Solche Maßnahmen sind jedoch erkennbar nicht gleich wirksam. Dabei ist insbesondere zu bedenken, dass folgendes „Paradoxon" hervorgerufen werden könnte. Je höher die sog. Durchimpfungsrate wäre, desto weniger Krankheitsfälle würden auftreten, sodass dann die Akzeptanz in der Bevölkerung schwinden würde.

(2) Eine gleich geeignete Maßnahme könnte darin zu sehen sein, dass nicht geimpfte Kinder aus Kitas und andere Betreuungsmöglichkeiten ausgeschlossen würden. Gegen die Annahme einer gleichen Wirksamkeit spricht jedoch, dass die nicht geimpften Kinder auch außerhalb der öffentlichen

Betreuungsangebote Kontakt zu anderen Kindern haben. Insbesondere wäre dann denkbar, dass Impfgegner ihre Kinder in einer privaten Einrichtung betreuen würden und sich dann dort entsprechende „Hotspots" entwickeln würden. Aus diesem Grunde ist auch ein Ausschluss nicht geimpfter Kinder nicht gleich geeignet.

Die Masern-Impfpflicht ist demzufolge erforderlich.

dd) Letztlich müsste die Impfpflicht auch **angemessen** sein. Eine Maßnahme ist angemessen, wenn sie zu dem erstrebten Erfolg nicht erkennbar außer Verhältnis steht. Damit sind im Rahmen einer Güterabwägung die widerstreitenden Interessen zu berücksichtigen.

Hier ist zwar zu bedenken, dass die Fallzahlen relativ gering sind (eine infizierte Person von ca. 150.000 Einwohnern). Andererseits geht es mit der Regelung um den Schutz des Lebens und der körperlichen Unversehrtheit (Art. 2 Abs. 2 S. 1 GG) und damit um den Schutz sehr hochrangiger Güter. Hinzu kommt, dass es sich bei den Masern um eine hochansteckende Krankheit handelt, die sich sehr schnell ausbreitet und durch die die Zahl der Infizierten extrem schnell ansteigen kann.

Zudem zeigt sich in der relativ geringen Zahl der mit Masern infizierten Personen gerade der Erfolg der Impfungen. Dieser Erfolg wäre gefährdet, wenn eine „Herdenimmunität" nicht erreicht würde. Gerade in Bezug auf die „kontraindizierten" Personen, die sich durch eigenes Verhalten nicht schützen können, erhöht sich die Gewichtung des Gesundheits- und Lebensschutzes potenziell Betroffener.

Dagegen ist jedoch das elterliche Erziehungsrecht zu berücksichtigen. Im Rahmen ihres Rechts aus Art. 6 Abs. 2 S. 1 GG genießen die Eltern einen weitgehenden Handlungsspielraum. Der Staat hat das Elternrecht grundsätzlich zu respektieren. Allerdings wird der Handlungsspielraum nur insoweit eingeschränkt, dass das Kind zwei Injektionen erhält, sodass insoweit der Eingriff nicht als schwerwiegender Eingriff zu bewerten ist. Außerdem muss sich das Elternrecht **am Kindeswohl orientieren**. Es widerspricht aber dem Kindeswohl, wenn es der Gefahr einer unter Umständen tödlich verlaufenden Krankheit ausgesetzt wird.

Nach alledem besteht kein krasses Missverhältnis zwischen dem erstrebten Erfolg und den Nachteilen der Eltern.

Der Impfzwang ist auch angemessen und verhältnismäßig.

Ergebnis: Der Eingriff in das elterliche Erziehungsrecht ist verfassungsrechtlich gerechtfertigt. Art. 6 Abs. 2 S. 1 GG ist nicht verletzt.[21]

21 So auch BVerfG NJW 2020, 1946.

Fall 18: Art. 7 Abs. 1 i.V.m. Art. 2 Abs. 1, Art. 6 GG – Schulschließungen wegen Corona

Das am 23.04.2021 in Kraft getretene Vierte Gesetz zum Schutz der Bevölkerung bei einer epidemischen Lage von nationaler Tragweite (BGBl. I S. 802) enthielt ein Bündel von bundeseinheitlichen Maßnahmen zur Eindämmung der Corona-Pandemie (z.B. Kontakt- und Ausgangsbeschränkungen). Die Maßnahmen waren an eine stabile Sieben-Tage-Inzidenz von über 100 Neuinfektionen je 100.000 Einwohner in einem Landkreis oder einer kreisfreien Stadt gekoppelt.

Gemäß § 28b Abs. 3 IfSG wurde bei Überschreitung einer Sieben-Tage-Inzidenz von 165 der Präsenzunterricht an allgemein- und berufsbildenden Schulen in dem betroffenen Landkreis oder der kreisfreien Stadt grundsätzlich untersagt. Die Länder konnten Abschluss- und Förderklassen von dem Verbot ausnehmen und eine Notbetreuung nach von ihnen festgelegten Kriterien einrichten. Im Übrigen wurde in den Ländern Distanzunterricht durchgeführt.

Der von einer Schulschließung betroffene Schüler S rügt die Verletzung seines Rechts auf Bildung aus Art. 2 Abs. 1 GG. Ist S in dem gerügten Grundrecht verletzt?

Anmerkung: Durch Gesetz v. 22.11.2021 (BGBl. I S. 4906) wurde die Regelung über die Schulschließungen wieder abgeschafft.

S ist in dem gerügten Grundrecht verletzt, wenn die durch § 28b Abs. 3 IfSG vorgesehenen Schulschließungen in verfassungsrechtlich nicht gerechtfertigter Weise in den Schutzbereich eines Grundrechtes eingreifen.

Das Verbot von Präsenzunterricht nach § 28b Abs. 3 IfSG könnte einen Eingriff in das nach **Art. 2 Abs. 1 i.V.m. Art. 7 Abs. 1 GG** geschützte **Grundrecht auf schulische Bildung** darstellen.

I. Dann müsste der **Schutzbereich betroffen** sein. Mit dem **Auftrag des Staates** zur Gewährleistung schulischer Bildung nach **Art. 7 Abs. 1 GG** korrespondiert ein im Recht der Kinder auf freie Entwicklung und Entfaltung ihrer Persönlichkeit nach Art. 2 Abs. 1 GG verankertes **Recht auf schulische Bildung gegenüber dem Staat**. Es gewährleistet allen Kindern eine diskriminierungsfreie **Teilhabe** an den vom Staat zur Verfügung gestellten Schulen.[22] Schülerinnen und Schüler können sich darüber hinaus gegen staatliche Maßnahmen wenden, welche die ihnen an ihrer Schule eröffneten Möglichkeiten schulischer Bildung einschränken, ohne das Schulsystem selbst zu verändern.

Vertiefen können Sie diese Entscheidung über das folgende Video:

Das Verbot von Präsenzunterricht nach § 28b Abs. 3 IfSG betrifft dieses Recht auf schulische Bildung gegenüber dem Staat.

II. Die Regelung des § 28b Abs. 3 IfSG müsste in diesen Schutzbereich **eingreifen**. Das infektionsschutzrechtliche Verbot von Präsenzunterricht nach § 28b Abs. 3 S. 2 und 3 IfSG verkürzt das in Art. 7 Abs. 1 i.V.m. Art. 2 Abs. 1

22 BVerfG RÜ 2022, 35, 42.

GG verankerte Recht der Kinder und Jugendlichen auf schulische Bildung und stellt daher eine Eingriff in den Schutzbereich dar.

III. Dieser Eingriff könnte **verfassungsrechtlich gerechtfertigt** sein. Der Eingriff ist verfassungsrechtlich gerechtfertigt, wenn eine Einschränkungsmöglichkeit **(Schranke)** besteht und diese in **verfassungsmäßiger Weise konkretisiert** wird.

1. Art. 2 Abs. 1 GG wird durch die sog. **Schrankentrias** begrenzt, und dabei insbesondere durch die **verfassungsmäßige Ordnung**. Die verfassungsmäßige Ordnung beinhaltet alle formell und materiell verfassungsgemäßen Normen und wird wie ein einfacher Gesetzesvorbehalt verstanden. § 28b Abs. 3 IfSG als gesetzliche Vorschrift kann insofern das Recht aus Art. 2 Abs. 1 GG einschränken.

2. § 28b Abs. 3 IfSG ist Teil der **verfassungsmäßigen Ordnung** i.S.d. Art. 2 Abs. 1 GG, wenn er formell und materiell verfassungsgemäß ist.

a) Das Verbot von Präsenzunterricht ist **formell verfassungsgemäß**, insbesondere ergibt sich die **Gesetzgebungskompetenz** des Bundes aus **Art. 74 Abs. 1 Nr. 19 GG**. Danach erstreckt sich die konkurrierende Gesetzgebungskompetenz des Bundes auf Maßnahmen gegen übertragbare Krankheiten beim Menschen. COVID-19 ist eine Infektionskrankheit, die durch das Coronavirus SARS-CoV-2 hervorgerufen wird und damit eine übertragbare Krankheit. Der Charakter der Schulschließungen als infektionsschutzrechtliche Maßnahme ergibt sich daraus, dass diese das Risiko einer Infektion mit dem Coronavirus senken soll.

Die sog. **Kulturhoheit der Länder** (Art. 70 Abs. 1 GG) steht dem nicht entgegen, da es sich ausschließlich um eine infektionsschutzrechtliche Regelung handelt, die nicht dem Schulrecht zuzuordnen ist.

b) Materiell verfassungsgemäß ist die Regelung über das Verbot von Präsenzunterricht in § 28b Abs. 3 IfSG nur, wenn die Anforderungen des GG an schrankenkonkretisierende Gesetze erfüllt sind. Bedenken ergeben sich hier insbesondere hinsichtlich des **Grundsatzes der Verhältnismäßigkeit**.

aa) Dann müssten die Schulschließungen einem **legitimen Zweck** dienen. Durch das Verbot von Präsenzunterricht nach § 28b Abs. 3 IfSG sollen Infektionen eingedämmt und so Leben und Gesundheit geschützt und das Gesundheitssystem vor einer Überlastung bewahrt werden. Dadurch will der Gesetzgeber **grundrechtliche Schutzpflichten aus Art. 2 Abs. 2 S. 1 GG** erreichen. Die Regelung dient daher einem legitimen Ziel.

bb) Das Verbot ist zur Verfolgung dieses Zwecks **geeignet**. Zwar waren die Schulen keine „Treiber" des Infektionsgeschehens. Es kann jedoch vertretbar angenommen werden, dass geöffnete Schulen wegen der Kontakte der Kinder untereinander und mit den Lehrkräften zumindest einen **Beitrag** zur infektionsbedingten Gefährdung von Leib und Leben der Bevölkerung leisten.

cc) Die Maßnahme müsste auch **erforderlich** sein. Daran würde es z.B. fehlen, wenn Infektionen mit regelmäßigen Tests und Hygienemaßnahmen **ebenso gut** hätten bekämpft werden können. Es kann aber nicht mit der gebotenen Eindeutigkeit festgestellt werden, dass es sich um eine mindestens gleich wirksame Alternative gehandelt hätte. Überdies können jedenfalls **zusätzliche Infektionen im Schulumfeld** nur durch Schulschließungen sicher verhindert werden.

Damit ist das Verbot von Präsenzunterricht auch erforderlich.

dd) Letztlich müsste § 28b Abs. 3 IfSG auch **angemessen** sein. Im Rahmen der Angemessenheit sind die Vor- und Nachteile gegeneinander abzuwägen.

Das Verbot von Präsenzunterricht beeinträchtigt das der Persönlichkeitsentwicklung der Kinder dienende Recht auf schulische Entwicklung **schwerwiegend**. Dies machen die Bildungseinbußen und deren Folgen für die Persönlichkeitsentwicklung deutlich, die aufgrund der seit Beginn der Pandemie wiederholt erfolgten Schulschließungen eingetreten sind. Der pandemiebedingte Ausfall von Unterricht hat deutliche Lernzeitverkürzungen zur Folge.

Diesem schwerwiegenden Eingriff in das Recht auf schulische Bildung der Schülerinnen und Schüler stehen **Gemeinwohlbelange von überragender Bedeutung** in Gestalt des Schutzes der Bevölkerung vor infektionsbedingten Gefahren für Leib und Leben gegenüber, auf die auch einzelne Maßnahmen des Gesamtschutzkonzepts zur Bekämpfung der Pandemie wie das Verbot von Präsenzunterricht gestützt werden können.[23]

Zum angemessenen Ausgleich trägt vor allem bei, dass das Verbot von Präsenzunterricht – anders als die sonstigen Beschränkungen – nicht bereits bei einer Sieben-Tage-Inzidenz von 100 gilt, sondern von einer **erhöhten Inzidenz von 165** abhängig ist. Im Übrigen können die Länder eine Notbetreuung einrichten und Abschlussklassen und Förderschulen hiervon vollständig ausnehmen.

Für die Zumutbarkeit des Verbots von Präsenzunterricht spielt darüber hinaus eine maßgebliche Rolle, dass wenigstens die Durchführung von Distanzunterricht im Rahmen des trotz fehlender Kompetenz des Bundes zur Gestaltung schulischen Unterrichts Möglichen gewährleistet ist.

Ergebnis: Nach alldem ist der schwerwiegende Eingriff in das Recht auf schulische Bildung durch die Schulschließungen angemessen und verstößt daher nicht gegen das Recht auf Bildung aus Art. 2 Abs. 1 i.V.m. Art. 7 Abs. 1 GG.

Anmerkung: *Aufgrund des Impffortschritts und sonstiger Sicherungsmaßnahmen (z.B. Einsatz von Luftfiltern) dürften Schulschließungen heute nicht mehr ohne Weiteres zulässig sein.*

23 BVerfG RÜ 2022, 35, 43.

Fall 19: Art. 8 GG – Versammlungsfreiheit

Student S, der bereits mehrfach Demonstrationen an der Uni organisiert hat, ist mit der Hochschulpolitik der Landesregierung nicht einverstanden. Insbesondere die geplante Einführung von Studiengebühren empfindet er als „bodenlose Frechheit". Daher hat er zusammen mit 20 weiteren Studenten den eingetragenen Verein „Contra Studiengebühren" gegründet.

Als S am Morgen des 20.05. erfährt, dass der Wissenschaftsminister am nächsten Tag die Universität besuchen wird, will er eine friedliche Demonstration durchführen, die er allerdings nicht bei der zuständigen Behörde anmeldet. Als sich am nächsten Tag ca. 100 Studenten vor der Uni treffen, wird die Veranstaltung schon nach ein paar Minuten von der zuständigen Behörde unter Hinweis auf § 15 Abs. 3 VersG aufgelöst. Zur Begründung weist die Behörde darauf hin, S habe die Anmeldefrist des § 14 VersG nicht eingehalten. S fühlt sich in seinem Grundrecht aus Art. 8 GG verletzt. Zu Recht?

Anmerkung: *Das VersG ist formell verfassungsgemäß.*

I. Dafür müsste zunächst der **Schutzbereich der Versammlungsfreiheit betroffen** sein. Eine Versammlung ist gegeben, wenn mehrere Personen an einem Ort zusammenkommen, um gemeinsam Meinung zu bilden und zu äußern. Zweck der Zusammenkunft müssen die gemeinsame Meinungsbildung und -äußerung sein, die sich nach h.M. auch auf Privatangelegenheiten beziehen kann. Nicht ausreichend ist allerdings das zufällige Zusammentreffen ohne gemeinsamen Zweck (Ansammlung), z.B. nach einem Verkehrsunfall.

§ 14 Abs. 1 VersG: „Wer die Absicht hat, eine öffentliche Versammlung ... zu veranstalten, hat dies spätestens 48 Stunden vor der Bekanntgabe der zuständigen Behörde ... anzumelden."
§ 15 Abs. 3 VersG: „Sie kann eine Versammlung oder einen Aufzug auflösen, wenn sie nicht angemeldet sind, ..."

Die ca. 100 Studenten wollen durch die Demonstration gegen die Studiengebühren ihre ablehnende Haltung nach außen tragen und auch andere Studierende gegen die Studiengebühren einnehmen. Die Begriffsmerkmale einer Versammlung sind demzufolge gegeben.

Es ist zwar umstritten, ob eine Versammlung begrifflich mindestens zwei oder drei Personen oder sogar sieben Personen voraussetzt. Vorliegend kommt es jedoch darauf offensichtlich nicht an, sodass eine Streitdarstellung an dieser Stelle in der Klausur falsch wäre.

II. Es müsste auch ein **Eingriff** in den Schutzbereich gegeben sein. Durch die Auflösung der Versammlung verkürzt die Behörde final unmittelbar durch einen imperativ wirkenden Rechtsakt die Versammlungsfreiheit des S, sodass bereits ein Eingriff im klassischen Sinne gegeben ist.

III. Dieser Eingriff könnte **verfassungsrechtlich gerechtfertigt** sein

1. Art. 8 Abs. 2 GG enthält **für Versammlungen unter freiem Himme**l eine **Einschränkungsmöglichkeit** (Schranke) im Sinne eines einfachen Gesetzesvorbehalts. Diese Schranke ist hier durch § 15 VersG umgesetzt worden.

2. Fraglich ist, ob der Eingriff durch die Versammlungsauflösung, beruhend auf § 15 Abs. 3 VersG, eine **verfassungsgemäße Konkretisierung** der Schranke ist.

a) Dann müsste zunächst die Ermächtigungsgrundlage für die Auflösung der Versammlung, § 15 VersG, verfassungsgemäß sein.

aa) Das VersG ist **formell verfassungsmäßig**.

bb) Das VersG müsste auch **materiell verfassungsmäßig** sein. Die §§ 14, 15 Abs. 3 VersG müssten, damit sie materiell verfassungsgemäß wären, insbesondere **verhältnismäßig** sein.

(1) Dazu müsste der Gesetzgeber mit den §§ 14 und 15 Abs. 3 VersG einen **legitimen Zweck** verfolgen. Durch die Anmeldung und die Möglichkeit der Auflösung sollen Gefahren abgewehrt werden. Dies stellt einen legitimen Zweck dar.

(2) Daneben muss das Gesetz **geeignet** sein. §§ 14 und 15 Abs. 3 VersG sind geeignet, wenn durch sie der Zweck zumindest gefördert wird. Die Anmeldung ermöglicht der Versammlungsbehörde eine Überprüfung im Vorfeld einer Versammlung und die entsprechenden Reaktionen. Damit fördern sie zumindest die Gefahrenabwehr und sind geeignet.

(3) Ein Mittel ist **erforderlich**, wenn es kein weniger belastendes Mittel gibt, welches den Erfolg mit gleicher Sicherheit herbeiführen würde. Mit der Pflicht zur Anmeldung wird der Polizei die Möglichkeit gegeben, sich auf die zu erwartende Gefahrensituation einzustellen und die notwendigen Vorkehrungen zu treffen. Würde die Polizei erst nach Beginn einer Versammlung erfahren, dass eine solche durchgeführt wird, entstünde eine zeitliche Sicherheitslücke. Insofern ist ein gleich wirksames und milderes Mittel nicht ersichtlich. Die §§ 14 und 15 Abs. 3 VersG sind mithin auch erforderlich.

(4) Des Weiteren müsste das Mittel auch **angemessen** sein. D.h., dass die Nachteile des Grundrechtsträgers nicht außer Verhältnis zu den bezweckten Vorteilen stehen dürfen. Dabei ist die hohe Bedeutung des Art. 8 GG als „demokratie-konstituierendes Grundrecht" zu berücksichtigen.

Die Anmeldepflicht und die Einhaltung der 48-Stunden-Frist könnten insofern problematisch sein. Wenn ein Veranstalter einer Versammlung, wie hier der S, der erst am Morgen vor der Versammlung von dem geplanten Besuch des Ministers erfahren hat, die Frist von 48 Stunden gar nicht einhalten kann, würde das Grundrecht der Versammlungsfreiheit in solchen Situationen leer laufen. Zudem betont Art. 8 Abs. 1 GG, dass alle Deutschen das Recht haben, sich **ohne Anmeldung** oder Erlaubnis zu versammeln.

Eilversammlung: geplante Versammlung mit Veranstalter, die nicht innerhalb der 48-Stunden-Frist angemeldet werden kann; im Gegensatz zur **Spontanversammlung**, die ohne Veranstalter und nicht geplant ist

Würde man in einer Situation, in der die Frist von 48 Stunden gar nicht einzuhalten ist (sog. „Eilversammlung") auf der Einhaltung der Frist beharren, wären kurzfristige oder spontane Demonstrationen nicht denkbar. Dies wäre mit der hohen Bedeutung des Art. 8 GG in einer Demokratie nicht vereinbar.

Diese Unvereinbarkeit lässt sich jedoch durch eine **verfassungskonforme Auslegung** beheben. Gemäß Art. 8 Abs. 1 GG ist eine Versammlung anmeldefrei. Daher ist § 14 VersG so auszulegen, dass die Anmeldepflicht bei Spontanversammlungen völlig entfällt und bei Eilversammlungen entsprechend zu kürzen ist.[24]

Angesichts der Möglichkeit der verfassungskonformen Auslegung sind die §§ 14, 15 Abs. 3 VersG demzufolge angemessen und verhältnismäßig. Folglich sind sie auch materiell verfassungsgemäß.

---

24 Vgl. BVerfGE 69, 315.

b) Daneben müsste auch eine **verfassungsgemäße Anwendung des Gesetzes im Einzelfall** vorliegen. Gemäß § 15 Abs. 3 VersG kann die zuständige Behörde eine nicht angemeldete Versammlung auflösen. Dabei ist aber wiederum und im Einzelfall der **Grundsatz der Verhältnismäßigkeit** zu beachten.

Wegen der großen Tragweite der Versammlungsfreiheit reicht nach der Rechtsprechung des BVerfG auch bei Eilversammlungen ein Verstoß gegen das formelle Anmeldeerfordernis nicht für eine Auflösung der Versammlung aus. Vielmehr hat die Behörde bei friedlich verlaufenden Demonstrationen stets versammlungsfreundlich zu verfahren. Erforderlich für eine Auflösung ist, dass von der Versammlung unmittelbare Gefahren ausgehen. Die Teilnehmer haben aber lediglich friedlich gegen die Einführung von Studiengebühren demonstriert, sodass eine Auflösung unverhältnismäßig und damit materiell verfassungswidrig ist.

Ergebnis: S ist in Art. 8 Abs. 1 GG verletzt.

Fall 20: Art. 8 GG – Versammlungsfreiheit

Der Flughafen Frankfurt am Main wird von der Fraport AG betrieben, deren Anteile mehrheitlich (heute zu insgesamt 52 %) im Eigentum der öffentlichen Hand stehen, aufgeteilt zwischen dem Land Hessen und der Stadt Frankfurt am Main. Auf dem Flughafen befinden sich neben der für die Abwicklung des Flugverkehrs bestimmten Infrastruktur zahlreiche Einrichtungen zu Zwecken des Konsums und der Freizeitgestaltung, die der Öffentlichkeit allgemein zugänglich sind. Dazu zählen neben Läden und Serviceeinrichtungen auch Bars, Cafés und Restaurants.

K ist Mitglied einer „Initiative gegen Abschiebungen", die sich gegen die Abschiebung von Ausländern unter Mitwirkung privater Fluggesellschaften wendet. Nachdem sie mit fünf weiteren Mitgliedern in der Abflughalle des Frankfurter Flughafens im März 2003 an einem Abfertigungsschalter Flugblätter verteilt hatte, die sich gegen eine Abschiebung richteten, erteilte ihr die Fraport AG ein „Flughafenverbot" mit dem Hinweis, dass gegen sie ein Strafantrag wegen Hausfriedensbruchs gestellt werde, sobald sie erneut „unberechtigt" auf dem Flughafen angetroffen werde. Mit einem erläuternden Schreiben wies sie die K unter Bezugnahme auf ihre Flughafenbenutzungsordnung darauf hin, dass Sammlungen, Werbungen sowie das Verteilen von Flugblättern ihrer Einwilligung bedürfen und dass sie „nicht abgestimmte Demonstrationen im Terminal aus Gründen des reibungslosen Betriebsablaufes und der Sicherheit grundsätzlich nicht" dulde. Versammlungen in den Gebäuden des Flughafens werden in der Benutzungsordnung ausdrücklich für unzulässig erklärt.

K fühlt sich in ihrem Grundrecht aus Art. 8 GG verletzt. Zu Recht?

K ist in ihrem Grundrecht aus Art. 8 GG verletzt, wenn ein verfassungsrechtlich nicht gerechtfertigter Eingriff in das Grundrecht gegeben ist.

I. Dafür müsste zunächst überhaupt eine **Grundrechtsbindung der Fraport AG** bestehen. Grundrechte sind Abwehrrechte des Bürgers „gegen den Staat", nicht Abwehrrechte des Bürgers gegen den Privaten.

Zwischen Privaten gelten die Grundrechte nur mittelbar, sog. mittelbare Drittwirkung (vgl. B-Basiswissen Grundrechte (2024), S. 11 f).

Das Demonstrationsverbot für das Gelände des Flughafens Frankfurt durch die Fraport AG und die dies bestätigenden Urteile könnten K daher nur dann in ihrem Grundrecht verletzen, wenn und soweit die zivilrechtlich zu bewertende Fraport AG an Grundrechte gebunden ist.

1. Gemäß **Art. 1 Abs. 3 GG** binden die Grundrechte die Gesetzgebung, vollziehende Gewalt und Rechtsprechung als unmittelbar geltendes Recht. Der Begriff der **„vollziehenden Gewalt"** ist dabei weit zu verstehen. Erfasst werden neben den Behörden auch Beliehene und Verwaltungshelfer, aber auch öffentliche Unternehmen, die in privatrechtlicher Form von einem Hoheitsträger geführt werden.[25]

Damit wäre die Fraport AG jedenfalls dann an die Grundrechte gebunden, wenn der Staat zu 100 % Anteilseigner wäre.

25 BVerfG RÜ 2011, 243, Rn. 48.

2. Fraglich ist jedoch, ob dies auch dann gilt, wenn an einem Unternehmen sowohl private als auch öffentliche Anteilseigner beteiligt sind **(gemischtwirtschaftliche Unternehmen)**.

Ein gemischtwirtschaftliches Unternehmen unterliegt dann der unmittelbaren Grundrechtsbindung, wenn es von den öffentlichen Anteilseignern **beherrscht** wird. Dies ist in der Regel der Fall, wenn mehr als die Hälfte der Anteile im Eigentum der öffentlichen Hand stehen. Das Kriterium der Beherrschung mit seiner Anknüpfung an die eigentumsrechtlichen Mehrheitsverhältnisse stellt danach nicht auf konkrete Einwirkungsbefugnisse hinsichtlich der Geschäftsführung ab, sondern auf die Gesamtverantwortung für das jeweilige Unternehmen.[26]

Die Anteile an der Fraport AG stehen zu 52 % im Eigentum von Hoheitsträgern, sodass die private AG von öffentlichen Anteilseignern beherrscht wird. Danach ist die Fraport AG an die Grundrechte gebunden.

II. Das durch die Fraport AG ausgesprochene Verbot, im Frankfurter Flughafen ohne Erlaubnis Versammlungen durchzuführen, könnte die K in ihrem **Grundrecht der Versammlungsfreiheit aus Art. 8 Abs. 1 GG** verletzen.

1. Dann müsste zunächst der **Schutzbereich des Art. 8 Abs. 1 GG betroffen** sein. Eine Versammlung ist eine örtliche Zusammenkunft mehrerer Personen zur gemeinschaftlichen, auf die Teilhabe an der öffentlichen Meinungsbildung gerichteten Erörterung oder Kundgebung.

Art. 8 Abs. 1 GG gewährleistet auch das **Recht, selbst zu bestimmen, wann, wo und unter welchen Modalitäten eine Versammlung stattfinden soll**. Als Abwehrrecht, das auch und vor allem andersdenkenden Minderheiten zugutekommt, gewährleistet das Grundrecht den Grundrechtsträgern so nicht nur die Freiheit, an einer öffentlichen Versammlung teilzunehmen oder ihr fern zu bleiben, sondern zugleich ein Selbstbestimmungsrecht über Ort, Zeitpunkt, Art und Inhalt der Veranstaltung.[27]

a) Das bedeutet jedoch nicht, dass eine Versammlung an jedem beliebigen Ort durchgeführt werden kann. So kann eine Versammlung nicht – gegen den Willen des Eigentümers – auf einem Privatgrundstück durchgeführt werden. Das Selbstbestimmungsrecht zur Durchführung einer Versammlung ist aber an Orten eröffnet, die **für die Öffentlichkeit allgemein zugänglich** sind.

b) Darunter fällt zunächst der **öffentliche Straßenraum**. Fraglich ist jedoch, ob dies auch für Orte gilt, an denen in ähnlicher Weise ein öffentlicher Verkehr eröffnet ist.

Wenn heute die Kommunikationsfunktion der öffentlichen Straßen, Wege und Plätze zunehmend durch weitere Foren, wie Einkaufszentren, Ladenpassagen oder sonstige Begegnungsstätten, ergänzt wird, kann die Versammlungsfreiheit für die Verkehrsflächen solcher Einrichtungen nicht ausgenommen werden, soweit eine unmittelbare Grundrechtsbindung

26 BVerfG RÜ 2011, 243, Rn. 53, 54.

27 BVerfG RÜ 2011, 243, Rn. 64.

besteht oder Private im Wege der mittelbaren Drittwirkung in Anspruch genommen werden können.[28]

Daher ist zu unterscheiden: Im Abflugbereich hinter der Sicherheitsschleuse oder im Bereich der Gepäckausgabe gewährleistet Art. 8 GG keinen Schutz, in dem frei zugänglichen Bereich des Terminals (Ladenpassagen, Gastronomiebetriebe etc.) ist der Schutzbereich des Art. 8 GG eröffnet. Damit ist der Schutzbereich des Art. 8 Abs. 1 GG durch das Verbot der Versammlung im Terminal betroffen.

2. Es müsste auch ein **Eingriff** in den Schutzbereich gegeben sein. Durch das Verbot wird der K eine Versammlung im Terminal des Flughafens zielgerichtet (final), unmittelbar und imperativ durch eine rechtsförmige Handlung unmöglich gemacht. Ein Eingriff in den Schutzbereich ist daher zu bejahen.

3. Fraglich ist, ob der Eingriff in das Grundrecht der K **verfassungsrechtlich gerechtfertigt** ist.

Einfacher Gesetzesvorbehalt

a) Dann müsste eine Einschränkungsmöglichkeit **(Schranke)** bestehen. Gemäß Art. 8 Abs. 2 GG kann das Grundrecht für Versammlungen unter freiem Himmel **durch oder aufgrund eines Gesetzes** beschränkt werden.

aa) Die Fraport AG untersagt der K die Durchführung von Versammlungen in Gebäuden des Flughafens, also im Innern. Fraglich ist, ob diese Versammlungen solche **„unter freiem Himmel"** darstellen.

Versammlung „unter freiem Himmel" bedeutet nicht „nicht überdacht". Maßgeblich für die Abgrenzung ist, ob die Räumlichkeit für die Öffentlichkeit **frei zugänglich** ist. Versammlungen „unter freiem Himmel" finden in der unmittelbaren Auseinandersetzung mit einer unbeteiligten Öffentlichkeit statt. Hier besteht im Aufeinandertreffen der Versammlungsteilnehmer mit Dritten ein höheres, weniger beherrschbares Gefahrenpotenzial als bei Versammlungen, bei denen eine Zutrittsbeschränkung besteht.

K möchte überwiegend im Flughafengebäude demonstrieren. Die Versammlungen sollen aber nicht in eigens für die Demonstration abgesperrten Bereichen stattfinden, zu denen die Öffentlichkeit keinen Zutritt hat, sondern vielmehr inmitten des allgemeinen Flughafenpublikums, mithin in der Öffentlichkeit. K führt daher Versammlungen „unter freiem Himmel" durch, die gemäß Art. 8 Abs. 2 GG dem allgemeinen Gesetzesvorbehalt unterfallen.

bb) Der Gesetzesvorbehalt des Art. 8 Abs. 2 GG wird im vorliegenden Fall durch das **Hausrecht der Fraport AG, gestützt auf §§ 903, 1004 BGB**, umgesetzt.

b) Fraglich ist, ob der Eingriff durch das Demonstrationsverbot, welches auf die §§ 903, 1004 BGB gestützt wird, eine **verfassungsgemäße Konkretisierung** der Einschränkungsmöglichkeit darstellt. Dies ist der Fall, wenn die §§ 903, 1004 BGB verfassungsgemäß sind und die Einzelentscheidung ebenfalls verfassungsgemäß ist.

28 BVerfG RÜ 2011, 243, Rn. 68.

aa) Von der **Verfassungsmäßigkeit der §§ 903, 1004 BGB** ist auszugehen.

bb) Es müsste auch das **Demonstrationsverbot verfassungsgemäß**, insbesondere **verhältnismäßig** sein.

(1) Für einen verhältnismäßigen Eingriff in die Versammlungsfreiheit bedarf es zunächst eines **legitimen Zwecks**. Für Versammlungen im Bereich eines Flughafens gehören dazu die Sicherheit und Funktionsfähigkeit des Betriebs des Flughafens. Angesichts der Komplexität und der heute im Flugverkehr bestehenden Vernetzung können im Falle der Störung des Betriebs an einem Großflughafen, wie dem Frankfurt am Main Airport, gewichtige Konsequenzen auch für andere Flughäfen ausgelöst werden. Daher können Maßnahmen, die der Sicherheit und Leichtigkeit der Betriebsabläufe sowie dem Schutz der Fluggäste, der Besucher oder der Einrichtungen des Flughafens dienen, grundsätzlich auf das Hausrecht gestützt werden.

(2) Die Untersagung der Versammlungen ist **geeignet** und **erforderlich**. Problematisch könnte die **Angemessenheit** der Maßnahme sein.

In der Abwägung der widerstreitenden Interessen ist dabei zu berücksichtigen, dass Art. 8 GG als Kommunikationsgrundrecht „**schlechthin demokratiekonstituierend**" wirkt. Eine Einschränkung der Versammlungsfreiheit kann daher nur zum Schutze gleichwertiger, elementarer Rechtsgüter zulässig sein. Die Sicherheit und Funktionsfähigkeit des Flughafenbetriebs stellen ein solch elementares Schutzgut dar. Den Gefahren ist aber in erster Linie durch die Erteilung von Auflagen zu begegnen. Eine Untersagung der Versammlung kommt lediglich als ultima ratio, also als letztes Mittel, in Betracht.

Die Fraport AG untersagt durch ihre Flughafenbenutzungsordnung die Durchführung generell und macht alle Arten von Versammlungen in allen Teilen der Gebäude von einer Erlaubnis abhängig. Dabei sind Versammlungen in den öffentlich zugänglichen Ladenpassagen etc. ohne Gefährdung des Flughafenbetriebes möglich.

Insbesondere fehlt es für eine angemessene Regelung daran, dass die Untersagung voraussetzungslos ausgesprochen wird. Sie setzt nicht voraus, dass eine konkrete Gefahr für die Sicherheit des Betriebs abgewehrt werden soll. Ohne Konkretisierung und Einschränkung ist die generelle Möglichkeit, Versammlungen über das Hausrecht zu verbieten, unangemessen.

Ergebnis: Das Verbot durch die Fraport AG ist somit unverhältnismäßig. Der Eingriff in Art. 8 GG ist nicht gerechtfertigt. Art. 8 Abs. 1 GG ist verletzt.

Fall 21: Art. 9 GG – Vereinigungsfreiheit

K ist Außenhandelskaufmann und als solcher Zwangsmitglied in der Industrie- und Handelskammer (IHK). Er hält die Vertretung durch die Kammer für völlig überholt, zumal die Mitglieder ganz unterschiedliche Interessen haben und vielfach in scharfer Konkurrenz zueinander stehen. Insbesondere fühlt er sich nicht ordnungsgemäß durch die Kammer repräsentiert, weil der Vorstand häufig mit Äußerungen an die Öffentlichkeit tritt, die K nicht teilt. Am meisten ärgert ihn, dass er auch noch Beiträge an die IHK leisten muss. K bittet um ein Gutachten zu folgender Frage:

Sind die §§ 2 und 3 IHK-G materiell verfassungsgemäß?

Die §§ 2 und 3 IHK-G könnten gegen die Grundrechte verstoßen.

In der Klausur müsste dies natürlich im normalen Aufbauschema dargestellt werden.

A. Es könnte ein Verstoß gegen die Berufsfreiheit aus **Art. 12 Abs. 1 GG** gegeben sein. Ein Eingriff in den Schutzbereich des Art. 12 Abs. 1 S. 1 GG liegt nur bei **Eingriffen mit berufsregelnder Tendenz** vor. Die Zwangszugehörigkeit zu einer Kammer ist eine bloße Folge der Ausübung eines Berufes, sie dient aber nicht dazu, Wahl oder Ausübung des Berufes zu reglementieren. Demnach liegt kein Eingriff in das Grundrecht der Berufsfreiheit aus Art. 12 Abs. 1 GG vor.

§ 2 Abs. 1 IHK-G:
„Zur Industrie- und Handelskammer gehören, ..., natürliche Personen, Handelsgesellschaften, ..., welche im Bezirk der Industrie- und Handelskammer entweder eine gewerbliche Niederlassung oder eine Betriebsstätte oder eine Verkaufsstelle unterhalten (Kammerzugehörige).“

§ 3 Abs. 1 IHK-G:
„Die Industrie- und Handelskammer ist Körperschaft des öffentlichen Rechts.“

B. Die Zwangsmitgliedschaft in der IHK aus §§ 2, 3 IHK-G könnte jedoch gegen das Grundrecht der **Vereinigungsfreiheit aus Art. 9 Abs. 1 GG** verstoßen.

Dann müsste zunächst der **Schutzbereich** des Art. 9 Abs. 1 GG **betroffen** sein. Danach haben alle Deutschen das Recht, Vereine und Gesellschaften zu bilden. Mit dieser positiven Freiheit korrespondiert die **negative Freiheit**, also das Recht, Vereinigungen nicht beitreten zu müssen oder aus ihnen austreten zu können.

Fraglich ist, ob Art. 9 GG neben zivilrechtlichen Zwangsvereinigungen auch vor hier einschlägigen öffentlich-rechtlichen Zwangsverbänden schützt.

I. Nach der h.M. gilt Art. 9 Abs. 1 GG nur bzgl. privatrechtlicher Vereinigungen, nicht aber für öffentlich-rechtliche Zusammenschlüsse.

Die negative Vereinigungsfreiheit sei das Spiegelbild der positiven Vereinigungsfreiheit. Da es für den Einzelnen kein Grundrecht aus Art. 9 Abs. 1 GG auf Bildung von öffentlich-rechtlichen Verbänden gebe, könne es auch keinen Negativanspruch auf Freiheit von öffentlich-rechtlichen Zwangsverbänden geben.[29]

II. Nach anderer Ansicht gilt Art. 9 Abs. 1 GG auch für öffentlich-rechtliche Zusammenschlüsse.

Es treffe zwar zu, dass dem Einzelnen nicht das Recht zustehe, mit Anderen eine juristische Person des öffentlichen Rechts zu gründen, da die Handlungsform des öffentlichen Rechts als ein Sonderrecht des Staates dem Einzelnen entzogen sei. Dies rechtfertige aber nicht den Umkehrschluss, dass die negative Vereinigungsfreiheit nur vor privatrechtlichen Zwangsverbin-

29 Vgl. BVerfG RÜ 2017, 663.

dungen schütze. Denn bei dem Schutz vor einer Pflichtmitgliedschaft in Zwangsvereinigungen des öffentlichen Rechts stehe nicht die unzulässige Inanspruchnahme öffentlich-rechtlicher Handlungsformen durch den Einzelnen in Rede.

III. Für die zunächst genannte Auffassung spricht, dass das umfassende System der Zwangsmitgliedschaften in öffentlich-rechtlichen Vereinigungen bereits zum Zeitpunkt des Inkrafttretens des GG vorhanden war. So gab es neben den Industrie- und Handelskammern bereits die Kammern für die freien Berufe, wie z.B. die Rechtsanwaltskammern. Vertreter der letztgenannten Auffassung haben dann aber Schwierigkeiten, die zahlreich geregelten Zwangsmitgliedschaften zu rechtfertigen. Art. 9 GG kennt neben dessen Abs. 2, der hier nicht eingreift, nur die immanenten Schranken. Teilweise wird daher die Schranke des Art. 2 GG entsprechend herangezogen oder von einem „Gemeinschaftsvorbehalt" gesprochen oder es werden die meisten Zwangsverbände für unzulässig gehalten.

Zu folgen ist daher der h.M., da der negative Schutzbereich nicht weitergehen darf als der positive Schutzbereich. Wenn man schon eine dem Grundgesetz nicht zu entnehmende Schrankenkonstruktion aufbaut, ist es mit der h.M. angebrachter, sämtliche öffentlich-rechtlichen Vereinigungen und Zwangsverbände aus dem Schutzbereich des Art. 9 Abs. 1 GG auszuklammern.

Der Schutzbereich des Art. 9 Abs. 1 GG ist demzufolge nicht eröffnet.

C. In Betracht kommt eine Verletzung der **allgemeinen Handlungsfreiheit aus Art. 2 Abs. 1 GG**.

Durch die Zwangsmitgliedschaft wird aber in die allgemeine Handlungsfreiheit des Art. 2 Abs. 1 GG eingegriffen. Dieser ist aber verfassungsrechtlich gerechtfertigt, da die Regelung verhältnismäßig ist. Die öffentliche Wahrnehmung der Arbeitnehmerinteressen in wirtschaftlicher, sozialer und kultureller Hinsicht ist ein Allgemeininteresse, welches eine Zwangsmitgliedschaft in einer Kammer zumutbar erscheinen lässt. Die Grenze der Zulässigkeit ist allerdings dort erreicht, wo ein privatrechtlicher Verband mit freiwilliger Mitgliedschaft die Aufgaben ebenso erfüllen kann.[30]

In der Klausur müsste dies natürlich im normalen Aufbauschema dargestellt werden.

Ergebnis: Die §§ 2 und 3 IHK-G sind materiell verfassungsgemäß.

30 Vgl. BVerfG RÜ 2017, 663.

Fall 22: Art. 10 GG – Vorratsdatenspeicherung

§ 113a des Telekommunikationsgesetzes (TKG) sah vor, dass Verkehrsdaten, die bei der Inanspruchnahme von Telekommunikationsdiensten entstehen, von den Anbietern der Dienste jeweils für sechs Monate zu speichern waren. Dies galt für Telefondienste ebenso wie für Internetzugangsdienste und E-Mail-Dienste. Zu speichern waren etwa bei Telefongesprächen die Rufnummern des Anrufenden und des angerufenen Anschlusses sowie Beginn und Ende des Gesprächs. Die anlasslos auf Vorrat gespeicherten Daten durften von den Diensteanbietern an die zuständigen Behörden zur Strafverfolgung sowie an den Verfassungsschutz und den Bundesnachrichtendienst (§ 113b TKG) übermittelt werden. Für die Strafverfolgung gestattete den Zugriff auf die Vorratsdaten § 100g StPO.

Mehrere Bürger sahen sich durch die Vorratsdatenspeicherung in Art. 10 GG verletzt. Sie hielten die anlasslose Speicherung aller Telekommunikationsverbindungen für unverhältnismäßig. Insbesondere machten sie geltend, dass sich aus den gespeicherten Daten Persönlichkeits- und Bewegungsprofile erstellen ließen. Ist Art. 10 GG verletzt?

Hinweis: Das TKG ist formell verfassungsgemäß.

I. Dann müsste zunächst der **Schutzbereich betroffen** sein. Das Fernmeldegeheimnis schützt den privaten und geschäftlichen **Fernmeldeverkehr** vor Eingriffen durch die öffentliche Gewalt. In diesen Schutzbereich fällt auch die Kommunikation mittels neuer Medien, wie SMS, Internet und E-Mails. Geschützt werden dabei nicht nur der Inhalt der Kommunikation, sondern **auch die Vertraulichkeit der näheren Umstände des Kommunikationsvorganges**. Des Weiteren erstreckt sich der Schutz auf den Informations- und Datenverarbeitungsprozess, der sich an die Kenntnisnahme anschließt. Sowohl die Erfassung der Daten als auch ihre Speicherung, der Abgleich mit anderen Daten, die Auswertung und die Übermittlung an Dritte – wie es §§ 113a, 113b TKG und § 100g StPO vorsehen – betreffen damit den Schutzbereich des Fernmeldegeheimnisses aus Art. 10 Abs. 1 GG.[31]

II. Es müsste auch ein **Eingriff** in den Schutzbereich gegeben sein. Ein Eingriff ist zumindest dann gegeben, wenn eine Beschränkung bzw. Verkürzung eines Freiheitsbereiches des Grundrechts **durch den Staat** erfolgt. Der Staat verpflichtet die (privaten) Diensteanbieter gemäß §§ 113a, 113b TKG, die Verkehrsdaten zu speichern und an die zuständigen Stellen weiterzugeben. Fraglich ist daher, ob der Eingriff noch dem Staat zugerechnet werden kann.

Die in § 113a TKG vorgeschriebene Speicherung erfolgt zwar nicht durch den Staat selbst, sondern durch private Diensteanbieter. Diese werden aber als Hilfspersonen für die Aufgabenerfüllung durch staatliche Behörden in Anspruch genommen. § 113a TKG verpflichtet die privaten Telekommunikationsunternehmen zur Datenspeicherung allein für die Aufgabenerfüllung durch staatliche Behörden zu Zwecken der Strafverfolgung,

31 BVerfG RÜ 2010, 243.

der Gefahrenabwehr und der Erfüllung nachrichtendienstlicher Aufgaben gemäß § 113b TKG. Dabei ordnet der Staat die mit der Speicherung verbundene Grundrechtsbeeinträchtigung unmittelbar an, ohne dass den speicherungspflichtigen Unternehmen insoweit ein Handlungsspielraum verbleibt.[32]

§ 113b TKG und § 100g StPO ermöglichen den zuständigen Behörden einen Zugriff und die Nutzung der durch den Eingriff in Art. 10 GG gewonnenen Daten aus § 113a TKG, sodass diese ebenfalls in Art. 10 GG eingreifen.

III. Der Eingriff in den Schutzbereich des Art. 10 GG könnte aber **verfassungsrechtlich gerechtfertigt** sein.

1. Die Rechte des Art. 10 GG stehen gemäß Art. 10 Abs. 2 S. 1 GG unter **Gesetzesvorbehalt**. Dieser Gesetzesvorbehalt wird durch § 113a, 113b TKG sowie § 100g StPO umgesetzt.

2. Der Eingriff ist verfassungsrechtlich nur gerechtfertigt, wenn die angegriffenen Vorschriften die Einschränkungsmöglichkeit in **verfassungsgemäßer Weise konkretisieren**.

a) Die Vorschriften sind **formell verfassungsgemäß**.

b) Die Vorschriften müssten auch **materiell verfassungsgemäß**, insbesondere **verhältnismäßig** sein.

aa) Der Gesetzgeber müsste mit den angegriffenen Vorschriften einen **legitimen Zweck** verfolgen. Zweck der anlasslosen Vorratsdatenspeicherung ist die Effektivierung der Strafverfolgung sowie der Gefahrenabwehr und der Aufgaben der Nachrichtendienste. Dies stellt einen verfassungsrechtlich legitimen Zweck dar.

bb) Die Vorratsdatenspeicherung müsste **geeignet** sein, dieses Ziel zu erreichen. Durch die anlasslose Speicherung der Daten werden in Anbetracht der Tatsache, dass heute die Telekommunikation eine immer größere Bedeutung für die Vorbereitung oder Durchführung von Straftaten erlangt, neue Aufklärungsmöglichkeiten geschaffen, die ohne die Speicherung der Daten nicht bestünden. Insofern wird die Zielerreichung zumindest gefördert.

cc) Daneben müssten die Vorschriften auch **erforderlich** sein. Eine Maßnahme ist erforderlich, wenn von mehreren gleich wirksamen Maßnahmen die den Bürger am wenigsten belastende ausgewählt wird **(„mildestes Mittel")**. Als milderes Mittel käme eine Speicherung der Daten nur bei einem konkreten Tatverdacht in Betracht (sog. Quick-Freezing-Verfahren). Dabei würden jedoch Daten aus der Zeit vor der Anordnung der Speicherung nicht erfasst, sodass dieses Verfahren lückenhaft wäre und daher nicht gleich geeignet.

dd) Letztlich müsste die anlasslose Speicherung von Verkehrsdaten über sechs Monate auch **angemessen**, also verhältnismäßig im engeren Sinne sein. Eine Maßnahme ist unverhältnismäßig, wenn die Nachteile erkennbar außer Verhältnis zu dem erstrebten Erfolg stehen.

32 BVerfG RÜ 2010, 243.

Es handelt sich bei einer solchen anlasslosen Speicherung um einen **besonders schweren Eingriff** mit einer erheblichen Streubreite. Erfasst werden über den gesamten Zeitraum von sechs Monaten praktisch sämtliche Telekommunikationsverkehrsdaten aller Bürger ohne Anknüpfung an ein zurechenbar vorwerfbares Verhalten.[33] Zwar werden nicht die Inhalte der Kommunikation gespeichert. Aber auch aus den Verkehrsdaten lassen sich vielfältige Rückschlüsse auf gesellschaftliche und persönliche Aktivitäten ziehen. Auch ermöglichen die Daten, Bewegungsprofile von praktisch jeder beliebigen Person zu erstellen. Ein besonderes Gewicht bekommt die Speicherung der Telekommunikationsdaten weiterhin dadurch, dass sie selbst und die vorgesehene Verwendung der gespeicherten Daten von den Betroffenen unmittelbar nicht bemerkt werden, zugleich aber Verbindungen erfassen, die unter Vertraulichkeitserwartungen aufgenommen werden. Hierdurch ist die anlasslose Speicherung von Telekommunikationsverkehrsdaten geeignet, **ein diffus bedrohliches Gefühl des Beobachtetseins**[34] hervorzurufen, das eine unbefangene Wahrnehmung der Grundrechte in vielen Bereichen beeinträchtigen kann.

Um diesen besonders schwerwiegenden Eingriff in die Grundrechte der Bürger zu rechtfertigen, bedarf es bestimmter Anforderungen an die Datensicherheit, den Umfang der Datenverwendung, der Transparenz und des Rechtsschutzes. Es müssen gesetzliche Regelungen **normenklar** ein hohes Maß an Sicherheit verbindlich vorgeben, eine Verwendung der Daten kommt **nur für überragend wichtige Aufgaben** des Rechtsgüterschutzes in Betracht, der Gesetzgeber muss **wirksame Transparenzregeln** schaffen, wonach gerade im Bereich der Strafverfolgung eine heimliche Verwendung der Daten nur in Betracht kommt, wenn sie im Einzelfall erforderlich ist und eine Übermittlung und Verwendung grundsätzlich unter **Richtervorbehalt** gestellt werden.

Insbesondere die Regelung des § 100g Abs. 1 S. 1 Nr. 2 StPO, wonach jede mittels Telekommunikation begangene Straftat, **unabhängig** von deren Schwere, Auslöser für eine Datenabfrage sein kann, führt dazu, dass die Daten nahezu für alle Straftatbestände nutzbar werden. Daneben lässt § 100g StPO einen Datenabruf **ohne richterliche Anordnung** und grundsätzlich auch ohne Wissen des Betroffenen zu. Es fehlt demnach an geeigneten Transparenzregeln. Zudem ist der verfassungsrechtlich geforderte Rechtsschutz bereits durch das Verfahren (Richtervorbehalt) nicht gewährleistet. Damit sind die Vorschriften des TKG nicht verhältnismäßig.

Ergebnis: Art. 10 GG ist verletzt.

33 BVerfG RÜ 2010, 243.
34 BVerfG RÜ 2010, 243.

Fall 23: Art. 12 GG – Beruf

N ist Notar. Er ist 69 Jahre alt und wird im nächsten Monat siebzig. Nun muss er durch einen Blick in die BNotO feststellen, dass gemäß §§ 47 Nr. 1, 48a BNotO das Amt des Notars kraft Gesetzes mit Erreichen der Altersgrenze (Vollendung des 70. Lebensjahres) erlischt. Er meint, dies sei mit Art. 12 Abs. 1 GG nicht zu vereinbaren. Hat N Recht?

Anmerkung: *Evtl. Rückwirkungsprobleme sind nicht zu erörtern.*

I. Dann müsste zunächst der **Schutzbereich betroffen** sein. Art. 12 Abs. 1 GG schützt das Recht, Beruf, Arbeitsplatz und Ausbildungsstätte frei zu wählen. Daneben gewährleistet Art. 12 Abs. 1 S. 2 GG die freie Berufsausübung. Seit dem Apothekenurteil des BVerfG wird das Grundrecht allgemein als einheitliches Grundrecht der Berufsfreiheit verstanden.[35]

Beruf ist jede auf Dauer angelegte, der Schaffung und Erhaltung der Lebensgrundlage dienende Betätigung. Die Tätigkeit als Notar ist auf Dauer angelegt und dient der Schaffung und Erhaltung der Lebensgrundlage. Der Schutzbereich ist demnach betroffen.

Beruf ist jede auf Dauer angelegte, der Schaffung und Erhaltung der Lebensgrundlage dienende Betätigung.

II. Gemäß §§ 47 Nr. 1, 48a BNotO erlischt das Amt des Notars kraft Gesetzes mit Erreichen der Altersgrenze (Vollendung des 70. Lebensjahres). Das Gesetz als Rechtsakt verkürzt daher final und unmittelbar den Schutzbereich des Art. 12 Abs. 1 GG. Ein **Eingriff** liegt vor.

III. Dieser Eingriff könnte **verfassungsrechtlich gerechtfertigt** sein.

1. Dann müsste eine **Einschränkungsmöglichkeit** (Schranke) bestehen. Nach Art. 12 Abs. 1 S. 2 GG kann die Berufsausübung **durch Gesetz oder aufgrund eines Gesetzes** geregelt werden. Dem Wortlaut nach besteht nur hinsichtlich der Berufsausübung ein Regelungsvorbehalt. Da sich Berufsausübung und -wahl aber nicht immer trennen lassen, geht man von einem einheitlichen Grundrecht der Berufsfreiheit aus, welches sowohl durch Berufsausübungs- als auch durch -wahlregelungen eingeschränkt werden kann.[36] Die Altersgrenze für Notare ist in der BNotO, einem Bundesgesetz, geregelt.

2. Fraglich ist, ob der **Eingriff** durch die §§ 47 Nr. 1, 48a BNotO eine **verfassungsgemäße Konkretisierung** der Einschränkungsmöglichkeit ist. Dann müssten diese formell und materiell verfassungsgemäß sein.

a) Von der **formellen Verfassungsmäßigkeit** der §§ 47 Nr. 1, 48a BNotO ist auszugehen.

b) §§ 47 Nr. 1, 48a BNotO müssten zudem auch im Lichte des Art. 12 GG **materiell verfassungsgemäß**, also insbesondere **verhältnismäßig** sein. Der Grundsatz der Verhältnismäßigkeit wird dabei im Bereich des Art. 12 GG durch die **3-Stufen-Theorie** systematisiert.

35 BVerfGE 7, 377 (Apothekenurteil).
36 BVerfGE 7, 377.

aa) Dafür ist zunächst die **Eingriffsstufe festzustellen**.

Bei der Einführung einer Altersgrenze könnte es sich um eine **Berufswahlregelung** durch eine objektive Zulassungsvoraussetzung handeln, da der Berufstätige keinen subjektiven Einfluss auf das fortschreitende Alter hat.

3-Stufen Theorie: Systematisierung des Grundsatzes der Verhältnismäßigkeit in Art. 12 GG

1. Stufe: Berufsausübungsregelungen zum Schutze der Gemeinschaftsgüter

2. Stufe: Berufswahl, subjektive Zulassungsvoraussetzungen zum Schutze wichtiger Gemeinschaftsgüter

3. Stufe: Berufswahl, objektive Zulassungsvoraussetzungen zum Schutze überragend wichtiger Gemeinschaftsgüter

Nach heute einhelliger Meinung wird aber die Einführung einer Altersgrenze als eine **subjektive Zulassungsvoraussetzung** für die Wahl eines Berufs angesehen. Dies wird damit begründet, dass das Alter eben von der Person des Berufstätigen abhängt.

Durch die Altersgrenze wird die Berufsausübung auch völlig beendet, sodass auch keine Berufsausübungsregelung (1. Stufe) gegeben ist. Die Beendigung der vollständigen Ausübung des Berufs stellt demzufolge eine Berufswahlregelung der zweiten Stufe i.S.d. 3-Stufen-Theorie dar.

bb) Fraglich ist die **Verhältnismäßigkeit der Stufenwahl** und der **konkreten Beschränkung**.

(1) Subjektive Zulassungsvoraussetzungen sind nur zulässig, soweit durch sie „**wichtige Gemeinschaftsgüter**" geschützt werden sollen. Das Ziel der Einführung einer Altersgrenze besteht darin, im Interesse funktionstüchtiger Rechtspflege eine geordnete Altersstruktur innerhalb des Notarberufes zu erreichen. Den Rechtssuchenden sollen Notare unterschiedlichen Lebensalters zur Verfügung stehen. Die Nichteinführung einer Altersgrenze würde zu einer Überalterung der Notariate führen und zu einer späteren Aufnahme der Neu-Notare in einem höheren Lebensalter, sodass deren Berufserfahrung bis zum Ende ihrer Tätigkeit geringer wäre.

Das Mittel, welches der Gesetzgeber gewählt hat, ist die Einführung einer Altersgrenze, die zwingend dazu führt, dass Notarstellen nicht nur durch Tod oder Aufgabe frei werden, sondern durch das Erreichen der Altersgrenze.

(2) Fraglich ist, ob die Wahl der Eingriffsstufe und die Regelung **als solche verhältnismäßig** sind.

(a) Die Einführung einer Altersgrenze ist **geeignet**, um eine Überalterung der Notariate zu verhindern.

(b) Erforderlich ist die Regelung, wenn kein gleich geeignetes, milderes Mittel in Betracht kommt. Ein milderes Mittel, welches den angestrebten Zweck gleich wirksam erreichen könnte, ist indes nicht ersichtlich. Bei insgesamt rückläufigen Beurkundungsvorgängen reicht die Zahl der neu zu schaffenden Notarstellen zusammen mit den aus sonstigen Gründen frei werdenden Notariaten nicht aus, um eine entsprechende Fluktuation zu gewährleisten. Als schonendere Maßnahme käme allenfalls die Einführung einer Höchstaltersgrenze für die erst künftig zu bestellenden Notare in Betracht. Dadurch wäre aber eine Verbesserung der Altersstruktur nicht in absehbarer Zeit erreichbar. Gleiches gilt für die Einführung einer flexiblen Altersgrenze oder die Schaffung von Ausnahmeregelungen, die an die Leistungsfähigkeit des betroffenen Notars bei Vollendung seines 70. Lebensjahres anknüpfen. Sie könnten das gesetzgeberische Ziel nicht mit gleicher Effizienz erreichen, weil sie nur mit großer Verzögerung wirksam würden. Die Einführung einer Altersgrenze ist mithin auch erforderlich.

(c) Des Weiteren muss die Einführung einer Altersgrenze auch **angemessen** sein.

Die Notare, die erst nach Inkrafttreten des Gesetzes zum Notar bestellt werden, können bei ihrer Entscheidung zur Übernahme einer Notarstelle die zeitliche Befristung ihrer Tätigkeit berücksichtigen und ihre Lebens- und Berufsplanung darauf ausrichten.

Schwerer wiegt dagegen die Einführung einer Altersgrenze – wie hier – für die bereits bestellten Notare, die im Vertrauen auf die bisherige Regelung ihrer Lebens- und Berufsplanung die Möglichkeit einer zeitlich unbeschränkten Führung notarieller Amtsgeschäfte zugrunde legen konnten. Diese müssen ihre Planung für das Alter umstellen. Innerhalb der ihnen verbleibenden Amtszeit müssen sie die Voraussetzung für die Sicherung eines angemessenen Lebensstandards nach Vollendung des 70. Lebensjahres schaffen.

Diesem Nachteil steht jedoch ein Gemeinwohlbelang von erheblichem Gewicht gegenüber. „Denn diese, eine geordnete Altersstruktur innerhalb des Notarberufs bezweckende Regelung dient der Funktionsfähigkeit der vorsorgenden Rechtspflege und damit einem besonders wichtigen Gemeinschaftsgut, weil ohne sie dadurch, dass die Zulassungspraxis Bedürftigkeitsgesichtspunkten Rechnung tragen muss und so jüngere Berufsbewerber nur im Rahmen freiwerdender Notariatsstellen Berücksichtigung finden können, dem Rechtssuchenden im zunehmenden Maße nur noch lebensältere Notare zur Verfügung stünden, deren Berufserfahrung wegen ihrer späteren Zulassung geringer wäre.“[37]

Ergebnis: Die Einführung der Altersgrenze ist daher auch unter Berücksichtigung der Anwendung auf vorhandene Notare angemessen. Der Eingriff in den Schutzbereich ist verfassungsrechtlich gerechtfertigt. Art. 12 GG ist nicht verletzt.

37 BVerfG NJW 1993, 1575.

Fall 24: Art. 12 GG – Beruf

Nach § 40 Abs. 1 LFGB (Lebensmittel- und Futtermittelgesetzbuch) soll die zuständige Behörde die Öffentlichkeit u.a. informieren bei hinreichendem Verdacht einer Gesundheitsgefährdung durch Lebens- oder Futtermittel. Darüber hinaus sieht § 40 Abs. 1a LFGB eine Information der Öffentlichkeit unabhängig vom Vorliegen einer Gesundheitsgefahr vor bei einem hinreichend begründeten Verdacht von Grenzwertüberschreitungen sowie bei Verstößen gegen Verbraucherschutzvorschriften und hygienerechtliche Vorschriften. Die Information der Öffentlichkeit geschieht dabei unter Nennung des konkreten Unternehmens, damit dem Verbraucher eine Zuordnung auch zu bestimmten Produkten möglich ist. Die Dauer der Veröffentlichung im Internet ist auf 12 Monate beschränkt. Die Information wird mit einem Hinweis versehen, ob und wann ein festgestellter Verstoß behoben wurde.

Nach der Gesetzesbegründung dient § 40 Abs. 1a LFGB der Verbesserung der aktiven Information der Öffentlichkeit und damit der Transparenz staatlichen Handelns, um dem Verbraucher eine verlässliche Grundlage für eigenverantwortliche Konsumentscheidungen auf dem Markt zu bieten.

Ist durch die Regelung Art. 12 GG verletzt?

Hinweis: Von der formellen Verfassungsmäßigkeit des Gesetzes ist auszugehen. Vorgaben des Europarechts sind außer Acht zu lassen.

Art. 12 GG ist verletzt, wenn ein verfassungsrechtlich nicht gerechtfertigter Eingriff in den Schutzbereich gegeben ist.

I. Dann müsste zunächst der **Schutzbereich** des Art. 12 Abs. 1 GG **betroffen** sein. Art. 12 Abs. 1 GG garantiert das Recht, Beruf, Arbeitsplatz und Ausbildungsstätte frei zu wählen. Daneben gewährleistet Art. 12 Abs. 1 S. 2 GG die freie Berufsausübung. Seit dem Apothekenurteil des BVerfG wird das Grundrecht allgemein als **einheitliches Grundrecht der Berufsfreiheit** verstanden.[38]

Beruf ist jede auf Dauer angelegte, der Schaffung und Erhaltung der Lebensgrundlage dienende Betätigung.

Beruf ist jede auf Dauer angelegte, der Schaffung und Erhaltung der Lebensgrundlage dienende Betätigung und umfasst auch die wirtschaftliche Betätigung von Unternehmen, sodass die Berufsfreiheit gemäß Art. 19 Abs. 3 GG auch auf juristische Personen anwendbar ist, soweit sie erwerbswirtschaftliche Tätigkeiten ausüben, die natürlichen und juristischen Personen offenstehen.[39]

Damit ist der Schutzbereich der Berufsfreiheit betroffen.

II. § 40 Abs. 1a LFGB müsste in den Schutzbereich **eingreifen**.

1. Ein **unmittelbarer** Eingriff liegt nur vor, wenn die grundrechtliche Betätigung final durch Rechtsakt ohne weitere Zwischenakte verkürzt wird. Die Veröffentlichung nach § 40 Abs. 1a LFGB dient in erster Linie der Information der Verbraucher. Die nachteiligen Wirkungen treten daher erst auf-

38 BVerfGE 7, 377.

39 BVerfG RÜ 2018, 450.

grund der Reaktion der (potenziellen) Kunden ein, und **nicht unmittelbar aufgrund der hoheitlichen Regelung**.

2. Heute ist indes anerkannt, dass Grundrechte nicht nur vor unmittelbaren, sondern grundsätzlich **auch vor mittelbaren Beeinträchtigungen** schützen, wenn auch nicht in gleicher Intensität. Ab welcher Schwelle bei bloß mittelbaren Beeinträchtigungen ein Grundrechtseingriff anzunehmen ist, ist eine höchst umstrittene **Wertungsfrage**, bei der es entscheidend darauf ankommt, ob die nachteiligen **Wirkungen dem Staat zurechenbar** sind. Dabei wird überwiegend darauf abgestellt, ob das staatliche Handeln nach seiner **Zielsetzung** und seinen **Wirkungen** einem klassischen Eingriff gleichkommt. Dies ist der Fall, wenn Normen, die zwar selbst die Berufstätigkeit nicht unmittelbar berühren, aber Rahmenbedingungen der Berufsausübung verändern, in ihrer Zielsetzung und ihren mittelbar-faktischen Wirkungen einem Eingriff **als funktionales Äquivalent** gleichkommen, die mittelbaren Folgen also **kein bloßer Reflex** einer nicht entsprechend ausgerichteten gesetzlichen Regelung sind. Dies ist insbesondere dann der Fall, wenn die Regelung direkt auf die Marktbedingungen konkret individualisierter Unternehmen zielt, indem sie die Grundlagen der Entscheidungen am Markt **zweckgerichtet** beeinflusst und so die Markt- und Wettbewerbssituation zum wirtschaftlichen Nachteil der betroffenen Unternehmen verändert.[40]

Veröffentlichungen nach § 40 Abs. 1a LFGB sollen das Konsumverhalten der Verbraucher beeinflussen und verändern auf diese Weise mittelbar-faktisch die Markt- und Wettbewerbssituation zum Nachteil der betroffenen Unternehmen. Sie zielen daher **direkt** auf die Marktbedingungen individualisierter Unternehmen ab und stellen einen **mittelbaren Eingriff in die Berufsfreiheit** dar.

III. Dieser könnte verfassungsrechtlich gerechtfertigt sein.

1. Es müsste eine **Einschränkungsmöglichkeit** (Schranke) gegeben sein. Die Berufsfreiheit steht unter dem Regelungsvorbehalt des Art. 12 Abs. 1 S. 2 GG. Dieser bezieht sich auf das einheitliche Grundrecht der Berufsfreiheit, also auf die Berufswahl und die Berufsausübung. Die Schranke ist vom Gesetzgeber durch § 40 Abs. 1a LFGB umgesetzt worden.

2. Fraglich ist, ob der Eingriff durch das LFGB eine **verfassungsgemäße Konkretisierung** der Einschränkungsmöglichkeit darstellt.

Dann müsste das LFGB formell und materiell verfassungsgemäß sein.

a) Von der **formellen Verfassungsmäßigkeit** des LFGB ist auszugehen.

b) Das Gesetz müsste auch **materiell verfassungsgemäß** sein, also insbesondere **verhältnismäßig** sein. Dabei richtet sich die Verhältnismäßigkeit im Bereich der Berufsfreiheit nach der Systematik der **3-Stufen-Theorie**.

aa) Die Regelungen über die staatlichen Informationen betreffen die **Berufsausübung** („wie") und damit die **1. Stufe**. Eingriffe auf der ersten Stufe sind zulässig, wenn sie aufgrund **vernünftiger Erwägungen des Gemeinwohls** als legitimen Zweck geeignet, erforderlich und angemessen sind.

40 BVerfG RÜ 2018, 450.

bb) Nach der Gesetzesbegründung dient § 40 Abs. 1a LFGB der Verbesserung der aktiven Information der Öffentlichkeit und damit der Transparenz staatlichen Handelns, um dem Verbraucher eine verlässliche Grundlage für eigenverantwortliche Konsumentscheidungen auf dem Markt zu bieten. Der drohende Nachteil der Informationsverbreitung soll das einzelne Unternehmen dazu veranlassen, den Betrieb im Einklang mit den lebensmittel- oder futtermittelrechtlichen Vorschriften zu betreiben. Das dient letztlich der Durchsetzung des allgemeinen Zwecks des Gesetzes, Gesundheitsgefahren vorzubeugen und abzuwehren und die Verbraucher vor Täuschung zu schützen. Demnach verfolgt das Gesetz einen **legitimen Zweck**.

cc) Die Regelungen müssten **geeignet** sein. Eine Maßnahme ist bereits geeignet, wenn sie die Zielerreichung **zumindest fördert**. Unerlässlich ist insofern, dass die Mitteilung mit dem Hinweis verbunden wird, **ob und wann ein Verstoß behoben** wurde. Ansonsten könnte beim Verbraucher die Fehlvorstellung entstehen, der Verstoß wäre noch gegeben. Geeignet können aber **nur richtige Informationen** sein. Die Regelungen stellen eine entsprechende Hinweispflicht jedoch sicher, sodass die Regelungen geeignet sind.

dd) Gleich geeignete, aber weniger belastende Maßnahmen sind nicht erkennbar, sodass § 40 Abs. 1a LFGB auch **erforderlich** ist.

ee) Die Regelungen müssten auch **angemessen** sein. Angemessen ist die Regelung nur dann, wenn sie nicht zu Nachteilen führt, die erkennbar außer Verhältnis zu dem erstrebten Erfolg stehen. Dabei ist einerseits zu berücksichtigen, dass die mit der Information der Öffentlichkeit einhergehende Beeinträchtigung des betroffenen Unternehmens von erheblichem Gewicht sein kann (Umsatzeinbußen, Verlust der Reputation), wobei insoweit zu berücksichtigen ist, dass das Unternehmen durch sein rechtswidriges Verhalten selbst den Anlass für die Informationen gegeben hat. Andererseits ist zu berücksichtigen, dass die Vorschrift mit dem **Verbraucherschutz ein überaus wichtiges Ziel** verfolgt. Im Grundsatz ist es angemessen, die Interessen der Unternehmen im Fall eines im Raum stehenden Rechtsverstoßes hinter die Schutz- und Informationsinteressen der Verbraucherinnen und Verbraucher zurücktreten zu lassen. Dass die Rechtsverstöße nicht notwendig mit einer Gesundheitsgefährdung verbunden sind, steht dem nicht entgegen, weil auch der Schutz vor Täuschung und der Nichteinhaltung hygienischer Anforderungen und die Ermöglichung eigenverantwortlicher Konsumentscheidungen legitime Zwecke des Verbraucherschutzes sind.[41]

Die Regelungen sind daher auch angemessen und verhältnismäßig. Der Eingriff in den Schutzbereich ist verfassungsrechtlich gerechtfertigt.

Ergebnis: Damit ist Art. 12 GG nicht verletzt.

41 BVerfG RÜ 2018, 450.

Fall 25: Art. 13 GG – Wohnung

S betreibt eine Spielhalle in der Stadt M. In unregelmäßigen Abständen erhält er während der Öffnungszeiten Besuch von Beamten der zuständigen Behörde.

Bei dieser sog. „Nachschau" (§ 29 Abs. 2 GewO) überzeugen sich die Beamten vom ordnungsgemäßen Zustand der Räumlichkeiten, des Aufenthaltsraumes für die Angestellten und der sonstigen Nebenräume (Toiletten, Keller). Das kleine Büro des S wird nicht untersucht.

Nachdem S von einem befreundeten Rechtsanwalt erfahren hat, dass § 29 Abs. 2 GewO gegen Art. 13 GG verstößt, bittet S um Erstellung eines diese Frage klärenden Rechtsgutachtens.

Anmerkung: *Von der formellen Verfassungsmäßigkeit des § 29 GewO ist auszugehen.*

Fraglich ist, ob § 29 Abs. 2 GewO gegen Art. 13 GG verstößt.

I. Dann müsste zunächst der **Schutzbereich des Art. 13 GG betroffen** sein. Nach Art. 13 Abs. 1 GG ist die **Wohnung** unverletzlich. Als Wohnung wird jeder Raum angesehen, den der einzelne der allgemeinen Zugänglichkeit entzieht und zum Ort seines Lebens und Wirkens bestimmt. Wegen des engen Zusammenhangs mit dem Grundrecht auf freie Entfaltung der Persönlichkeit gemäß Art. 2 Abs. 1 GG soll Art. 13 GG eine „räumliche Privatsphäre" schützen.

§ 29 Abs. 2 GewO lautet: „Die Beauftragten sind befugt, zum Zwecke der Überwachung Grundstücke und Geschäftsräume des Betroffenen während der üblichen Geschäftszeiten zu betreten, dort Prüfungen und Besichtigungen vorzunehmen, sich die geschäftlichen Unterlagen vorlegen zu lassen und in diese Einsicht zu nehmen ... Das Grundrecht der Unverletzlichkeit der Wohnung (Art. 13 GG) wird insoweit eingeschränkt."

§ 29 Abs. 2 GewO erlaubt die **Nachschau** in den Geschäftsräumen des Gewerbetreibenden. Diese Geschäftsräume sind aber gerade dazu bestimmt, für die Allgemeinheit zugänglich zu sein. Aus diesem Grunde ist fraglich, ob **auch die Betriebs- und Geschäftsräume** in den Schutzbereich des Art. 13 GG fallen. Dies ist umstritten.

1. Nach h.M. ist das **einschränkungslos zu bejahen**, denn allein der Umstand, dass die Räume der Öffentlichkeit zugänglich sind, bedeutet nicht, dass sie in jeder Hinsicht auch für Hoheitsträger frei und beliebig zugänglich wären, da der Inhaber Maß und Grenzen der Zugänglichkeit seiner Räume bestimmt. Außerdem erfasse ein möglicher Grundrechtsverzicht auch nicht behördliche Nachschaurechte. Nach dieser Ansicht ist der Schutzbereich des Art. 13 GG betroffen.

2. Nach der Gegenmeinung unterfallen Betriebs- und Geschäftsräume wegen ihrer geringen Schutzbedürftigkeit **generell nicht** dem eng auszulegenden Art. 13 Abs. 1 GG, sondern nur dem Schutzbereich von Art. 2 Abs. 1 GG. Danach ist nicht der Schutzbereich des Art. 13 Abs. 1 GG, sondern der Schutzbereich des Art. 2 Abs. 1 GG eröffnet.

3. Nach einer **differenzierenden Auffassung** soll der Schutzbereich von Art. 13 Abs. 1 GG nur für die der Öffentlichkeit nicht zugänglichen Betriebs- oder Geschäftsräume gelten, und im Übrigen Art. 2 Abs. 1 GG. Nach dieser Auffassung gilt der Schutzbereich von Art. 13 Abs. 1 GG nicht für den Schankraum und die Toiletten, wohl aber für die übrigen Räume des S.

4. Für die zunächst genannte Auffassung spricht, dass die Grundrechte zwecks intensiveren Schutzes im Zweifel weit auszulegen sind. Außerdem ist in § 29 Abs. 2 S. 3 GewO ausdrücklich und ohne Einschränkungen in sachlicher oder zeitlicher Hinsicht Art. 13 GG zitiert. Dies spricht dafür, dass auch der Gesetzgeber davon ausgeht, dass durch die Nachschau in den Schutzbereich des Art. 13 Abs. 1 GG eingegriffen wird und daher Betriebs- und Geschäftsräume in den Schutzbereich fallen.

Nach alledem ist der h.M. zu folgen. **Der Schutzbereich des Art. 13 Abs. 1 GG ist durch § 29 Abs. 2 GewO betroffen.**

II. Das Gesetz, das die Behörde dazu ermächtigt, die Betriebs- und Geschäftsräume zu betreten und dort Besichtigungen vorzunehmen, verkürzt den Schutzbereich des Art. 13 GG. Ein **Eingriff** ist gegeben.

III. Dieser Eingriff könnte **verfassungsrechtlich gerechtfertigt** sein.

Der Eingriff in den Schutzbereich von Art. 13 Abs. 1 GG ist gerechtfertigt, wenn die Norm der GewO eine **verfassungsmäßige Konkretisierung** der Grundrechtsschranken von Art. 13 Abs. 1 GG ist. Dabei richtet sich die Rechtfertigung je nach der Art des Eingriffs nach Art. 13 Abs. 2, 3, 4, 5 oder 7 GG.

1. Art. 13 Abs. 2 GG enthält für Durchsuchungen einen qualifizierten Gesetzesvorbehalt. Eine Durchsuchung setzt neben dem Betreten der Wohnung eine Suchhandlung voraus, um Personen oder Sachen zu finden oder einen bestimmten Sachverhalt zu erforschen. Die Nachschau stellt keine Durchsuchung i.S.d. Vorschrift dar. Die Rechtfertigung richtet sich demnach nicht nach Art. 13 Abs. 2 GG.

2. Art. 13 Abs. 7 GG ist der Auffangtatbestand für sonstige Eingriffe. Dabei enthält Art. 13 Abs. 7 Hs. 1 GG eine verfassungsunmittelbare Schranke, während Art. 13 Abs. 7 Hs. 2 GG einen qualifizierten Gesetzesvorbehalt regelt.

Nach dem qualifizierten Gesetzesvorbehalt ist für einen Eingriff ein förmliches Gesetz erforderlich, das der Verhütung dringender Gefahren für die öffentliche Sicherheit oder Ordnung dient. Eine Nachschau gemäß § 29 Abs. 2 GewO wird regelmäßig nicht aufgrund der dort vorausgesetzten konkreten Gefahren vorgenommen, sondern auch dann, wenn keine konkreten Anhaltspunkte für rechtswidriges Handeln bestehen, nämlich zu Routinekontrollen, die die Voraussetzungen des Art. 13 Abs. 7 GG nicht erfüllen. Aus diesem Grunde greift auch nicht die Rechtfertigungsmöglichkeit des Art. 13 Abs. 7 GG durch.

3. Da die ausdrücklichen Schranken von Art. 13 GG durch § 29 Abs. 2 GewO nicht konkretisiert werden, könnte man zum Ergebnis gelangen, dass die Vorschrift verfassungswidrig ist.

Nach überwiegender Auffassung ist dieses Ergebnis aber unbefriedigend, da man sich im Ergebnis einig darüber ist, dass solche Betretungsrechte verfassungsgemäß sein sollen.

Während aus diesem Grunde teilweise der Schutzbereich des Art. 13 GG einengend ausgelegt wird, haben Betriebs- und Geschäftsräume nach der überwiegenden Auffassung während der normalen Betriebs- bzw. Geschäftszeiten nicht dieselbe Schutzbedürftigkeit wie private Wohnräume i.e.S. Folglich seien Eingriffe in den Schutzbereich von Art. 13 Abs. 1 GG auch nicht an den strengen Anforderungen von Art. 13 Abs. 7 GG zu messen („sonstige Eingriffe" i.S.v. Art. 13 Abs. 7 GG), sondern an den folgenden (erleichterten) Voraussetzungen.

a) Eine **besondere gesetzliche Vorschrift** muss zur Betretung ermächtigen. Dies geschieht vorliegend durch die besondere Vorschrift des § 29 Abs. 2 GewO.

b) Die Vorschrift muss **formell verfassungsgemäß** sein. Davon ist nach dem Bearbeitervermerk auszugehen.

c) Das Gesetz muss den **Zweck** des Betretens sowie **Umfang** und **Gegenstand** der Prüfung deutlich erkennen lassen (**Bestimmtheit**). Gemäß § 29 Abs. 2 GewO dürfen die Beauftragten die Räumlichkeiten aus Überwachungszwecken betreten, Prüfungen und Besichtigungen vornehmen. Damit ist der Zweck bestimmt.

d) Die Betretung darf **nur zu den üblichen Betriebs- und Geschäftszeiten**, während der allgemeine Publikumsverkehr eröffnet ist, stattfinden. Dies wird in § 29 Abs. 2 GewO ausdrücklich geregelt, sodass auch diese Voraussetzung eingehalten ist.

Ergebnis: Nach h.M. greift § 29 Abs. 2 GewO verfassungsgemäß in den Schutzbereich von Art. 13 Abs. 1 GG ein, sodass durch § 29 Abs. 2 GewO der Art. 13 GG nicht verletzt ist.

Fall 26: Art. 14 GG – Eigentum

Das Landespressegesetz des Bundeslandes L bestimmt in § 9, dass Verleger von jedem Druckwerk ohne Unterschied ein Belegstück unentgeltlich an eine staatliche Bibliothek abliefern müssen. Die Pflicht zur unentgeltlichen Ablieferung gilt somit auch für mit großem Aufwand und in kleiner Auflage hergestellte, teure Druckwerke. Ein Verleger aus dem Land L verlegt bibliophile Bücher in geringen Auflagen sowie Original-Graphiken, z.B. ein Werk mit einer Auflage von nur 70 Stück zu einem Einzelpreis von 650 €. Er hält die sich aus § 9 des Landespressegesetzes ergebende unentgeltliche Pflichtabgabe als nicht mit Art. 14 GG vereinbar. Zu Recht?

Der Eigentumsbegriff des Art. 14 GG ist weiter als der des BGB. So fällt z.B. auch der rechtmäßige Besitz (§ 854 BGB) in den Schutzbereich des Art. 14 GG.

I. Es müsste der **Schutzbereich** des Art. 14 GG betroffen sein. Art. 14 GG schützt das **Eigentum**. Eigentum ist die Summe aller **vermögenswerten Rechte**, die dem Einzelnen **vom Gesetzgeber** zu einem bestimmten Zeitpunkt im Sinne eines **Ausschließlichkeitsrechts** gewährt werden. Der Verleger ist Sacheigentümer i.S.d. § 903 BGB. Das Sacheigentum i.S.d. BGB ist (natürlich) auch i.S.d. Art. 14 GG eigentumsrechtlich geschützt, sodass der Schutzbereich des Art. 14 Abs. 1 GG durch die unentgeltliche Pflichtabgabe betroffen ist.

II. Ein **Eingriff in den Schutzbereich** liegt vor, wenn das Eigentum oder die Nutzungsmöglichkeiten des Eigentums beschränkt werden. Dabei ist zwischen einem Eingriff durch **Enteignung** (Art. 14 Abs. 3 GG) und einem Eingriff durch eine **Inhalts- und Schrankenbestimmung** (ISB, Art. 14 Abs. 1 S. 2, Abs. 2 GG) zu unterscheiden.

Seit dem sog. „Nassauskiesungsbeschluss" des BVerfG werden diese **rein formal abgegrenzt**.[42] Danach ist eine Enteignung jede **zielgerichtete** (finale) Entziehung **einer konkreten eigentumsrechtlichen Position** durch Gesetz (Legislativenteignung) oder behördlichen Vollzugsakt (Administrativenteignung) zur Inanspruchnahme für öffentliche Zwecke. Daneben verlangt das BVerfG heute **zwingend**, dass der hoheitliche Zugriff auf das Eigentumsrecht zugleich eine **Güterbeschaffung zugunsten der öffentlichen Hand** oder des sonst Enteignungsbegünstigten bewirkt.[43] Eine ISB legt dagegen abstrakt-generell die Rechte und Pflichten bezüglich des Eigentums fest.

Obwohl die Ablieferungspflicht auf ein einzelnes Belegstück gerichtet ist, enthält die Vorschrift keine Ermächtigung für die Exekutive, durch Einzelakt **auf ein bestimmtes, von ihr benötigtes Vermögensobjekt zuzugreifen**, sondern begründet in genereller und abstrakter Weise eine Naturalleistungspflicht in der Form einer Abgabe. Sie trifft diejenigen, die – in aller Regel in Ausübung eines Berufs – als Verleger Eigentum herstellen und in den Verkehr bringen und ruht auf der Gesamtheit der zu einer Auflage gehörenden und im Eigentum des Verlegers stehenden Druckstücke als eine Art abstrakte Abgabepflicht. **Die Intention des Gesetzgebers** ist dem-

42 BVerfGE 58, 300.
43 BVerfG RÜ 2017, 114 (Atomausstieg).

nach nicht auf die Entziehung eines konkreten Eigentumsrechtes, sondern auf die Festlegung abstrakt-genereller Pflichten gerichtet.

Es handelt sich um einen **Eingriff durch eine Inhalts- und Schrankenbestimmung**.

III. Dieser Eingriff könnte **verfassungsrechtlich gerechtfertigt** sein.

1. Das Eigentumsrecht kann gemäß Art. 14 Abs. 1 S. 2 GG durch Gesetze **eingeschränkt** werden. Dieser Gesetzesvorbehalt ist durch das Landespressegesetz umgesetzt worden.

2. Fraglich ist, ob der Eingriff durch das Landespressegesetz eine **verfassungsgemäße Konkretisierung** der Einschränkungsmöglichkeit darstellt.

Dann muss das Landespressegesetz formell und materiell verfassungsgemäß sein.

a) Von der **formellen Verfassungsmäßigkeit** ist auszugehen.

b) Das Landespressegesetz müsste daneben auch **materiell verfassungsgemäß** sein. Fraglich ist, ob gegen den Grundsatz der **Verhältnismäßigkeit** verstoßen wurde. Dabei ist allerdings zu beachten, dass gemäß Art. 14 Abs. 2 GG das Eigentum verpflichtet und zugleich dem Wohle der Allgemeinheit dient (sog. Sozialpflichtigkeit des Eigentums).

aa) Es müsste zunächst ein **legitimer Zweck** verfolgt werden. Zweck des Pressegesetzes ist, dass insbesondere für die „Nachwelt" ein Exemplar erhalten bleibt. Dies ist ein legitimer Zweck.

bb) Das Gesetz muss im Hinblick auf diesen Zweck **geeignet** sein. Eine Maßnahme ist geeignet, wenn sie die Zielerreichung zumindest fördert. Die Ablieferung stellt sicher, dass von jedem Druckerzeugnis ein Exemplar archiviert werden kann. Die Maßnahme ist somit geeignet.

cc) Daneben muss das Mittel **erforderlich** sein. Erforderlich ist eine Maßnahme, wenn es keine gleich geeigneten, milderen Mittel gibt. Denkbar wäre, dass die Verlage nicht Originale, sondern lediglich Kopien abgeben würden. Dies wäre allerdings für die meisten Verlage wesentlich umständlicher als die Hergabe eines Originals. Damit ist § 9 Landespressegesetz auch erforderlich.

dd) Des Weiteren muss das Gesetz **angemessen** sein. Dies ist zu verneinen, wenn der bezweckte Vorteil erkennbar außer Verhältnis zu den eintretenden Nachteilen steht. Während die Regelung zur Abgabe eines Pflichtexemplars für Verlage, die große Auflagen herstellen, nur einen geringen Nachteil darstellt, führt diese für Verlage, die sehr teure Bücher in Kleinauflagen herstellen, zu einer gravierenden Vermögenseinbuße. Art. 14 Abs. 2 GG vermag nicht zu rechtfertigen, dass der Verleger eine solche Belastung im Interesse der Allgemeinheit tragen muss. Erst durch seine private Initiative und Risikobereitschaft wird es möglich, künstlerisch, wissenschaftlich und literarisch exklusives Schaffen – wenn auch zu einem hohen Preis – der Öffentlichkeit zu erschließen.

Aus diesem Grunde enthalten heute alle Pressegesetze der Länder eine Regelung, nach der ab einer bestimmten Höhe der Herstellungskosten eine Geldentschädigung an den Verleger zu leisten ist, sog. **ausgleichspflichtige Inhalts- und Schrankenbestimmung**.

Dem Verleger zusätzlich noch die erheblich überdurchschnittlichen Herstellungskosten für ein Pflichtexemplar aufzubürden, widerspricht dem verfassungsrechtlichen Gebot, die Belange des betroffenen Eigentümers mit denen der Allgemeinheit in einen gerechten Ausgleich zu bringen und einseitige Belastungen zu vermeiden. Hieraus ergibt sich, dass bei wertvollen Druckwerken mit niedriger Auflage eine kostenlose Pflichtablieferung die Grenzen verhältnismäßiger und noch zumutbarer inhaltlicher Festlegung des Verlegereigentums überschreitet. Aus diesem Grunde ist die Abgabepflicht insoweit nicht von der Sozialbindung gedeckt und unverhältnismäßig.

Ergebnis: Der Eingriff in den Schutzbereich des Art. 14 GG ist mithin verfassungsrechtlich nicht gerechtfertigt. Art. 14 Abs. 1 GG ist verletzt.

Fall 27: Art. 14 GG – Eigentum

Unternehmer U erwirbt für 200.000 € mehrere Grundstücke, die – romantisch gelegen – in die noch völlig unberührte Wald- und Wiesenlandschaft „Ruhrweiher" am Rande eines kleinen Sees im Bundesland L eingebettet sind. U möchte dort ein exklusives Naturhotel errichten. Geplant ist insbesondere, dass „gut betuchte" Gäste in dem Hotel einen Entspannungs- und Wellnessurlaub verbringen können. Noch bevor U seine Pläne verwirklichen kann, stellt die Landesregierung des Bundeslandes L durch eine formell rechtmäßige Verordnung das ganze Gebiet unter Naturschutz.

Nach der VO ist es insbesondere verboten, das Gebiet außerhalb der Straßen und Wege zu betreten, zu zelten, in dem See zu baden oder diesen sonst zu nutzen. U meint, er sei in seinem Eigentumsgrundrecht verletzt, da er seine Grundstücke nunmehr nicht wie geplant nutzen könne.

Ist der U in seinem Grundrecht aus Art. 14 GG verletzt?

Durch die Naturschutz-VO könnte U in seinem **Eigentumsgrundrecht** aus **Art. 14 Abs. 1 GG** verletzt sein.

Dann müsste zunächst ein Eingriff in den Schutzbereich des Art. 14 Abs. 1 GG gegeben sein.

I. Art. 14 Abs. 1 GG gewährleistet das **Eigentum** und das Erbrecht. Eigentum i.S.d. Art. 14 GG sind alle (privaten) vermögenswerten Positionen, die vom Gesetzgeber zu einem bestimmten Zeitpunkt gewährt werden. Dazu zählt insbesondere das Sacheigentum nach dem BGB, aber auch andere vermögenswerte Rechte, wie der Besitz, Forderungen oder Urheberrechte. Dabei ist durch Art. 14 GG nicht nur das Innehaben der Rechtsposition geschützt, sondern **auch die Nutzungsmöglichkeit**. Die Naturschutz-VO betrifft den U in der Nutzung seines Sacheigentums an seinen Grundstücken.

Der **Schutzbereich** ist damit **betroffen**.

II. Ein Eingriff in den Schutzbereich liegt vor, wenn das Eigentum oder die Nutzungsmöglichkeiten des Eigentums beschränkt werden. Dabei ist zwischen einem Eingriff durch **Enteignung** (Art. 14 Abs. 3 GG) und einem Eingriff durch eine **Inhalts- und Schrankenbestimmung** (ISB, Art. 14 Abs. 1 S. 2, Abs. 2 GG) zu unterscheiden.

Während früher die Abgrenzung nach der Schwere des Eingriffs vorgenommen wurde, bestimmt sich die Abgrenzung seit dem sog. „Nassauskiesungsbeschluss" des BVerfG **rein formal**.[44] Danach ist eine Enteignung jede zielgerichtete (finale) Entziehung einer konkreten eigentumsrechtlichen Position durch Gesetz (Legislativenteignung) oder behördlichen Vollzugsakt (Administrativenteignung) zur Inanspruchnahme für öffentliche Zwecke. Zwingende Voraussetzung einer Enteignung ist immer auch, dass der hoheitliche Zugriff auf das Eigentumsrecht zugleich eine **Güterbeschaffung zugunsten der öffentlichen Hand** oder des sonst Enteig-

44 BVerfGE 58, 300.

nungsbegünstigten bewirkt.[45] Eine ISB legt dagegen abstrakt-generell die Rechte und Pflichten bezüglich des Eigentums fest.

Fraglich ist, ob die Naturschutz-VO einen Eingriff im Sinne einer Enteignung gemäß Art. 14 Abs. 3 GG darstellt. Dann müssten dem U konkrete eigentumsrechtliche Positionen zielgerichtet entzogen werden. Durch eine solche VO beabsichtigt der Gesetzgeber, die natürlichen Lebensgrundlagen zu schützen. Es geht dem Gesetzgeber nicht darum, einen bestimmten Eigentümer aus einer bestimmten Position zu verdrängen. Zwar hängt der Wert eines Grundstückes immer auch von der Lage, Beschaffenheit und der Nutzungsmöglichkeit ab. Die Intention des Gesetzgebers ist aber darauf gerichtet, unabhängig vom jeweiligen Eigentümer in diesem Bereich Naturschutz zu betreiben. Dadurch werden in abstrakt-genereller Weise die Inhalte des Grundeigentums in diesem Gebiet näher konkretisiert. Dem U wird aber nicht sein Eigentum konkret entzogen. Zudem geht es dem Gesetzgeber hier erkennbar **nicht um eine Güterbeschaffung** zugunsten der öffentlichen Hand. Demzufolge handelt es sich um einen **Eingriff durch Inhalts- und Schrankenbestimmung**.

III. Dieser Eingriff könnte **verfassungsrechtlich gerechtfertigt** sein.

1. Dann müsste zunächst eine **Einschränkungsmöglichkeit** (Schranke) bestehen. Das Eigentumsrecht des Art. 14 GG kann **durch den Gesetzgeber** beschränkt werden, Art. 14 Abs. 1 S. 2 GG. Unter diesen Gesetzesvorbehalt fallen nicht nur Parlamentsgesetze (Gesetze im formellen Sinne), sondern auch Gesetze im materiellen Sinne (Rechtsverordnungen, Satzungen). Damit ist die Landesrechtsverordnung eine zulässige Einschränkungsmöglichkeit.

2. Fraglich ist, ob der Eingriff durch die Naturschutz-VO eine **verfassungsgemäße Konkretisierung** der Einschränkungsmöglichkeit darstellt.

Dann muss die Naturschutz-VO sowohl formell als auch materiell verfassungsgemäß sein.

a) Die **formelle Verfassungsmäßigkeit** ist gegeben.

b) Die Naturschutz-VO müsste daneben auch **materiell verfassungsgemäß** sein. Fraglich ist, ob gegen den Grundsatz der **Verhältnismäßigkeit** verstoßen wurde. Dabei ist allerdings zu beachten, dass gemäß Art. 14 Abs. 2 GG das Eigentum verpflichtet und zugleich dem Wohle der Allgemeinheit dient (sog. **Sozialpflichtigkeit des Eigentums**).

aa) Die Landesregierung muss zunächst einen **legitimen Zweck** verfolgen. Zweck der Naturschutz-VO ist der Schutz der natürlichen Lebensgrundlagen. Dieser Schutz ist mittlerweile durch Art. 20a GG als **Staatszielbestimmung** in das GG aufgenommen worden und stellt demnach einen legitimen Zweck dar.

bb) Die VO muss im Hinblick auf diesen Zweck **geeignet** sein. Eine Maßnahme ist geeignet, wenn sie die Zielerreichung zumindest fördert. Wenn das gesamte Gebiet unter Naturschutz gestellt wird, ein Betreten außerhalb der Straßen und Wege sowie Zelten etc. nicht mehr erlaubt sind, wird dadurch die Natur geschützt. Die Maßnahme ist somit geeignet.

45 BVerfG RÜ 2017, 114 (Atomausstieg).

cc) Daneben muss das Mittel **erforderlich** sein. Erforderlich ist eine Maßnahme, wenn es keine gleich geeigneten, milderen Mittel gibt. Die Natur wird besonders durch die Nutzung beeinträchtigt. Aus diesem Grunde ist ein anderes geeignetes Mittel als ein Verbot nicht erkennbar. Damit ist die VO auch erforderlich.

dd) Des Weiteren muss die VO **angemessen** sein. Auf der einen Seite ist dabei zu berücksichtigen, dass die Grundstücke – wie hier von U – mit erheblichem wirtschaftlichem Aufwand angeschafft wurden. Dies resultiert wohl vorrangig aus der geplanten Nutzung des Grundstücks. Andererseits stellt die Wald- und Wiesenlandschaft ein besonders schutzwürdiges Stück Natur dar. Der Naturschutz ist mittlerweile sogar durch Art. 20a GG im GG verankert. Zwar hatte U bereits konkrete Planungen betrieben; diese widersprechen aber gerade der durch die Eigenart der näheren Umgebung nahe liegenden Nutzung als Naturpark. Etwas anderes könnte sich allenfalls dann ergeben, wenn der U das Naturhotel bereits gebaut hätte und damit Gesichtspunkte des Bestandsschutzes eine Rolle spielen würden. Damit ist die Naturschutz-VO auch angemessen.

Die ISB ist daher verhältnismäßig. Die VO ist auch materiell verfassungsgemäß. Der Eingriff in den Schutzbereich des Art. 14 GG ist verfassungsrechtlich gerechtfertigt.

Ergebnis: Art. 14 Abs. 1 GG ist nicht verletzt.

Fall 28: Art. 16 GG – Eine erschlichene Einbürgerung

Der pakistanische Staatsangehörige P reiste im November 2000 nach Deutschland ein. Dabei gab er sich als afghanischer Staatsangehöriger „A" aus. Nachdem P im Jahr 2011 eine unbefristete Aufenthaltserlaubnis erhielt, beantragte er schriftlich unter Vorlage seines Lichtbildes seine Einbürgerung in den deutschen Staatsverband. Er legte der zuständigen Behörde B auch eine Geburtsbescheinigung und einen afghanischen Reisepass vor, die beide auf den Namen „A" lauteten. Diese Dokumente hatte er sich durch arglistige Täuschung im afghanischen Generalkonsulat erschlichen. Zudem hatte P gegenüber dem Generalkonsul auf die afghanische Staatsangehörigkeit verzichtet. Daraufhin wurde P gemäß § 8 StAG als „A" durch Aushändigung der Einbürgerungsurkunde eingebürgert. Im Jahre 2024 legte P seine wahre Identität und Herkunft offen und verlangte die Berichtigung seiner Personalien auf seinen echten Namen und sein richtiges Geburtsdatum. Daraufhin nahm die zuständige Behörde formell ordnungsgemäß die Einbürgerung mit Wirkung für die Vergangenheit gemäß § 35 StAG zurück. Zur Begründung trägt die Behörde vor, sie hätte den P nicht eingebürgert, wenn bekannt gewesen wäre, dass er Pakistani und nicht Afghane gewesen wäre. P hält die Rücknahme für rechtswidrig, da er dann staatenlos sei und eine Rücknahme nur innerhalb von zehn Jahren nach der Einbürgerung zulässig sei. Hat er Recht?

Die Rücknahme der Einbürgerung des P ist rechtmäßig, soweit sie auf einer ausreichenden Ermächtigungsgrundlage beruht und deren formelle und materielle Voraussetzungen gegeben sind.

I. Ermächtigungsgrundlage für die Rücknahme einer Einbürgerung könnte **§ 35 Abs. 1 StAG** sein. Danach kann eine rechtswidrige Einbürgerung unter bestimmten Voraussetzungen zurückgenommen werden. **Fraglich ist aber, ob § 35 StAG überhaupt verfassungsgemäß ist**. Die Norm könnte gegen **Art. 16 GG** verstoßen.

1. § 35 StAG könnte gegen Art. 16 Abs. 1 S. 1 GG verstoßen. Danach darf die deutsche Staatsangehörigkeit nicht entzogen werden.

Eine **Entziehung** i.S.v. Art. 16 Abs. 1 S. 1 GG liegt aber nur dann vor, wenn der Betroffene den Verlust der Staatsangehörigkeit nicht oder nicht auf zumutbare Weise beeinflussen oder vorhersehen kann und deshalb **sein Vertrauen in die Verlässlichkeit der Staatsangehörigkeit** enttäuscht wird. Dies wird u.a. mit der **Entstehungsgeschichte** des Art. 16 Abs. 1 S. 1 GG begründet. Art. 16 Abs. 1 S.1 GG geht zurück auf Art. 15 der Allgemeinen Erklärung der Menschenrechte (U.N.) vom 10.12.1948. Dieser bestimmt, dass niemandem seine Staatsangehörigkeit willkürlich entzogen werden darf. Zudem sollte nach dem **Sinn und Zweck** der Vorschrift auf die in der Nazi-Zeit vorgenommenen Zwangsausbürgerungen aus rassistischen, politischen oder religiösen Gründen reagiert werden. Sinn und Zweck ist daher, Zwangsausbürgerungen zu verhindern, aber nicht, erschlichene Einbürgerungen zu privilegieren.

Danach ist die Rücknahme einer erschlichenen Einbürgerung gemäß § 35 StAG mangels schutzwürdigen Vertrauens keine Entziehung der Staatsangehörigkeit gemäß Art. 16 Abs. 1 S. 1 GG, sondern ein **Verlust gegen den Willen der betreffenden Person** gemäß Art. 16 Abs. 1 S. 2 GG.

2. Hinsichtlich der **Vereinbarkeit des § 35 StAG mit Art. 16 Abs. 1 S. 2 GG** ist insbesondere problematisch, dass ein Verlust der Staatsangehörigkeit gegen den Willen des Betroffenen nur dann eintreten darf, wenn der Betroffene dadurch **nicht staatenlos** wird. Diese Möglichkeit sieht § 35 Abs. 2 StAG aber vor.

Der Schutz des Art. 16 Abs. 1 S. 2 GG vor einer Staatenlosigkeit könnte aber entfallen, wenn der Betroffene **kein schutzwürdiges Vertrauen** genießt, insbesondere also auch dann, wenn eine **Einbürgerung erschlichen** wurde. Für eine **teleologische Reduktion** des Art. 16 Abs. 1 S. 2 GG sprechen ebenfalls die Entstehungsgeschichte und der Sinn und Zweck des Art. 16 GG (s.o.). Der Schaffung des Art. 16 Abs. 1 S. 2 GG hat die Absicht des Gesetzgebers zugrunde gelegen, sich in Abgrenzung zu der nationalsozialistischen Ausbürgerungspolitik an völkerrechtliche Bestrebungen zur Bekämpfung der Staatenlosigkeit anzuschließen. Mit dieser Zielsetzung ist die Inkaufnahme von Staatenlosigkeit im Fall der Rücknahme einer erschlichenen Einbürgerung vereinbar. **Andernfalls würde der grundrechtliche Schutz bei schwerwiegenden Verstößen gegen das geltende Recht sogar noch belohnt.** Die Rechtsordnung würde sich „gegen sich selbst wenden" und eine Gratifikation auf ihre Missachtung sowie Anreize zur Rechtsverletzung schaffen.

Danach ist § 35 StAG eine verfassungskonforme Ermächtigungsgrundlage für die Rücknahme einer durch arglistige Täuschung erschlichenen Einbürgerung.

II. Die formelle Rechtmäßigkeit ist gegeben.

III. Die Rücknahme der Einbürgerung gemäß § 35 Abs. 1 StAG müsste auch **materiell rechtmäßig** sein.

1. Dann müssten zunächst die **tatbestandlichen Voraussetzungen** gegeben sein. Nach § 35 Abs. 1 StAG kann eine rechtswidrige Einbürgerung nur zurückgenommen werden, wenn der Verwaltungsakt **durch arglistige Täuschung**, Drohung oder Bestechung oder durch vorsätzlich unrichtige oder unvollständige Angaben, die wesentlich für seinen Erlass gewesen sind, erwirkt worden ist. Diese Voraussetzungen liegen hier unzweifelhaft vor. Der aus Pakistan stammende P hat sich als Afghane ausgegeben und im Einbürgerungsverfahren eine Geburtsbescheinigung und einen afghanischen Reisepass vorgelegt, die beide auf den Namen „A" lauteten. Ohne diese Täuschung wäre er nicht eingebürgert worden.

2. Die Rücknahme darf gemäß **§ 35 Abs. 3 StAG** aber nur bis zum Ablauf von zehn Jahren nach der Bekanntgabe der Einbürgerung oder Beibehaltungsgenehmigung erfolgen. Hier erfolgt die Rücknahme dagegen erst nach 13 Jahren. Die Einschränkung der Rücknahme über eine besondere Zeitnähe zwischen Einbürgerung und Rücknahmeentscheidung soll das Anliegen materieller Richtigkeit in einen schonenden Ausgleich zu dem gegenläufigen Anliegen der Rechtssicherheit bringen. In § 35 Abs. 5 StAG wird deutlich, dass möglichen Nachkommen, die kraft Abstammung von der täuschenden Person die deutsche Staatsangehörigkeit erlangt haben, ohne dass ihnen selber eine Täuschungshandlung zur Last fiele, ein nochmals erhöhter Schutz gewährt wird. Die gesetzliche Lösung muss daher auch demjenigen zugutekommen, der seine Einbürgerung durch arglistige Täuschung erschlichen hat. Die in § 35 Abs. 3 StAG festgelegte Zehn-Jahres-Frist gilt nach dem Willen des Gesetzgebers für alle Fälle des § 35 Abs. 1 StAG und ist damit auch im vorliegenden Fall einschlägig.

Ergebnis: Damit liegen die tatbestandlichen Voraussetzungen des § 35 StAG nicht vor. Die Rücknahme ist **rechtswidrig**.

Fall 29: Art. 6, 11, 13, 14 GG

Das PolG des Landes N enthält u.a. folgende, **formell verfassungsgemäße** Vorschriften:

„§ 34a (Wohnungsverweisung und Rückkehrverbot zum Schutz vor häuslicher Gewalt):

Die Polizei kann eine Person zur Abwehr einer von ihr ausgehenden gegenwärtigen Gefahr für Leib, Leben oder Freiheit einer anderen Person aus einer Wohnung, in der die gefährdete Person wohnt, sowie aus deren unmittelbarer Umgebung verweisen und ihr die Rückkehr in diesen Bereich untersagen. Der räumliche Bereich, auf den sich Wohnungsverweisung und Rückkehrverbot beziehen, ist nach dem Erfordernis eines wirkungsvollen Schutzes der gefährdeten Person zu bestimmen und genau zu bezeichnen. In besonders begründeten Einzelfällen können die Maßnahmen nach S. 1 auf Wohn- und Nebenräume beschränkt werden.

...

Abs. 5: Wohnungsverweisung und Rückkehrverbot enden außer in den Fällen des Satzes 2 mit Ablauf des zehnten Tages nach ihrer Anordnung, soweit nicht die Polizei im Einzelfall ausnahmsweise eine kürzere Geltungsdauer festlegt ...

§ 7 (Einschränkung von Grundrechten): Durch dieses Gesetz werden die Grundrechte auf Leben und körperliche Unversehrtheit (Art. 2 Abs. 2 S. 1 GG), Freiheit der Person (Art. 2 Abs. 2 GG), Freizügigkeit (Art. 11 GG) und Unverletzlichkeit der Wohnung (Art. 13 GG) eingeschränkt."

Der gewalttätige Ehemann und Familienvater M, der bereits mehrfach auffällig geworden ist, befürchtet Maßnahmen gemäß § 34a PolG. Er meint, die Vorschrift sei nicht mit seinen Grundrechten vereinbar, insbesondere nicht mit Art. 6 und Art. 14 GG.

Hat er Recht?

Fraglich ist die Vereinbarkeit von § 34a PolG mit Grundrechten.

A. § 34a PolG könnte mit der **Freizügigkeit aus Art. 11 GG** unvereinbar sein.

Zum Prüfungsaufbau: Geprüft wird in der Reihenfolge „Freiheitsrechte vor Gleichheitsrechten". Dabei werden innerhalb dieser die speziellen (sachnäheren) vor den allgemeinen geprüft.

I. Dann müsste der **Schutzbereich betroffen** sein.

Freizügigkeit bedeutet, ungehindert durch staatliche Gewalt an jedem Ort innerhalb des Bundesgebietes Aufenthalt oder Wohnsitz nehmen zu können. Dabei bedeutet „Wohnsitz nehmen" die ständige Niederlassung an einem Ort mit dem Willen, den Ort auf Dauer zum Mittelpunkt des Lebens zu machen. Geschützt wird nicht nur die Begründung eines Wohnsitzes, sondern auch die fortdauernde ununterbrochene Nutzung.

§ 34a PolG lässt unter bestimmten Voraussetzungen eine bis zu 10-tägige Wohnungsverweisung und ein entsprechendes Rückkehrverbot zu, sodass der Schutzbereich von Art. 11 GG durch diese Norm betroffen ist.

II. In diesen geschützten Lebensbereich **greift** § 34a PolG **ein**.

III. Der Eingriff könnte **verfassungsrechtlich gerechtfertigt** sein.

1. Dafür müsste eine **Einschränkungsmöglichkeit** (Schranke) bestehen. Die Freizügigkeit ist gemäß Art. 11 Abs. 2 GG einschränkbar durch oder aufgrund eines Gesetzes, um strafbaren Handlungen vorzubeugen (qualifizierter Gesetzesvorbehalt). Dieser Gesetzesvorbehalt wird durch § 34a PolG umgesetzt.

2. Der Eingriff in den Schutzbereich von Art. 11 GG ist dann verfassungsrechtlich gerechtfertigt, wenn § 34a PolG eine **verfassungsmäßige Konkretisierung** des Gesetzesvorbehaltes in Art. 11 Abs. 2 GG ist. Dann müsste § 34 a PolG **formell und materiell verfassungsgemäß** sein.

a) § 34a PolG ist **formell verfassungsgemäß.**

b) Die Vorschrift müsste auch **materiell verfassungsmäßig** sein.

aa) Dann müssten zunächst die **Anforderungen des qualifizierten Gesetzesvorbehaltes** aus Art. 11 Abs. 2 GG erfüllt sein.

Nach Art. 11 Abs. 2, letzter Fall GG darf das Grundrecht auf Freizügigkeit u.a. nur für die Fälle eingeschränkt werden, in denen es zur **Vorbeugung strafbarer Handlungen** erforderlich ist. Gemäß § 34a Abs. 1 S. 1 PolG sind Maßnahmen nach dieser Norm nur zulässig zur Abwehr einer gegenwärtigen Gefahr für Leib, Leben oder Freiheit der zu schützenden Person oder einer anderen Person aus der Wohnung. Damit dient diese Norm der Vorbeugung der Begehung von Straftaten gemäß §§ 212, 223, 239 StGB, sodass die Anforderungen des qualifizierten Gesetzesvorbehaltes **(Kriminalvorbehalt)** erfüllt sind.

Beachte: Das Zitiergebot gilt nur für Art. 2 Abs. 2, 8, 10, 11 und 13 GG.

bb) Auch das **Zitiergebot** gemäß Art. 19 Abs. 1 S. 2 GG ist durch § 7 PolG gewahrt.

cc) § 34a PolG müsste auch **verhältnismäßig** sein unter Abwägung des öffentlichen Zwecks einerseits und des betroffenen Grundrechts aus Art. 11 GG andererseits.

(1) Dafür müsste die Norm einen **legitimen Zweck** verfolgen.

§ 34a PolG bezweckt, Opfern häuslicher Gewalt einen verbesserten Schutz vor Gewalttätigkeiten zu bieten, der den häufig erst mit zeitlicher Verzögerung erreichbaren zivilrechtlichen Rechtsschutz flankieren soll. Die Bestimmung dient damit dem Schutz der Grundrechte des Opfers auf Leben, körperliche Unversehrtheit und persönliche Freiheit aus Art. 2 Abs. 2 GG. Dies stellt einen legitimen Zweck dar.

(2) Eine Maßnahme ist **geeignet**, wenn sie die Zielerreichung zumindest fördert. Wenn eine gewalttätige Person aus der Wohnung verwiesen und ihr die Rückkehr verboten wird, kann sie, soweit die Maßnahme eingehalten wird, die gefährdete Person nicht mehr beeinträchtigen. Insofern wird der Zweck zumindest gefördert.

(3) Eine Maßnahme ist **erforderlich**, wenn es keine gleich geeigneten, milderen Mittel gibt. In den Fällen, in denen konkret eine häusliche Gewalt droht, ist es erforderlich, dass sich der Gewalttäter „abkühlt". Eine endgültige Klärung ist durch diese Maßnahme zwar nicht möglich. Sie flankiert jedoch die – insbesondere zivilrechtlichen – anderen Möglichkeiten der gefährdeten Person. § 34a PolG ist auch erforderlich.

(4) Des Weiteren muss § 34a PolG auch **angemessen** sein, d.h., dass die mit § 34a PolG verfolgten Ziele nicht erkennbar außer Verhältnis stehen dürfen zu den Nachteilen der Betroffenen. Eine Wohnungsverweisung ist nur unter den normierten Voraussetzungen zulässig. Die Polizei kann eine Person demnach nur zur Abwehr einer von ihr ausgehenden gegenwärtigen Gefahr für Leib, Leben oder Freiheit einer anderen Person aus einer Wohnung verweisen und ihr die Rückkehr in diesen Bereich untersagen. Dabei ist der räumliche Bereich, auf den sich Wohnungsverweisung und Rückkehrverbot beziehen, nach dem Erfordernis eines wirkungsvollen Schutzes der gefährdeten Person zu bestimmen und genau zu bezeichnen. Zudem ist durch § 34a Abs. 5 PolG eine zeitliche Beschränkung auf zehn Tage vorgesehen. Die Ausgestaltung der Vorschrift im Einzelnen, namentlich die normierten Eingriffsvoraussetzungen und die zeitliche Beschränkung der ermöglichten behördlichen Anordnungen, ist folglich darauf angelegt, einen verhältnismäßigen Ausgleich der berührten Grundrechtssphären zu erzielen. § 34a PolG ist auch angemessen und folglich verhältnismäßig.

Art. 11 GG ist durch diese Norm nicht verletzt.

B. § 34a PolG müsste auch **mit Art. 13 GG vereinbar** sein.

I. Dann müsste der **Schutzbereich betroffen** sein.

Art. 13 Abs. 1 GG gewährleistet das Recht, in der **Wohnung** ungestört und unbeobachtet zu tun und zu lassen, was einem beliebt. Dabei ist „Wohnung" jeder Raum, den der Einzelne der allgemeinen Zugänglichkeit entzieht und zum Ort seines Lebens und Wirkens bestimmt.

Fraglich und umstritten ist, ob Art. 13 GG neben dem Schutz der Privatsphäre innerhalb der Wohnung auch die Nutzung als solche schützt.

1. Nach einer Auffassung gelten Wohnungsverweisungen als nutzungsentziehende Eingriffe primär dem Eigentum bzw. dem Mitbesitz an der Wohnung, sodass ausschließlich Art. 14 GG betroffen ist und nicht Art. 13 GG.[46]

2. Nach h.M. liegt im **Entzug des Besitzrechts an einer Wohnung** dann ein Eingriff, wenn zugleich die Privatheit der Wohnung angegriffen wird.[47] Nach dieser Auffassung ist durch die Wohnungsverweisung für die Dauer von bis zu zehn Tagen der Schutzbereich von Art. 13 Abs. 1 GG betroffen, weil den Normadressaten der bisherige räumliche Rückzugs- und Entfaltungsraum vorübergehend vollständig genommen wird.

3. Für die h.M. spricht insbesondere, dass Grundrechte im Zweifel weit zugunsten des Bürgers auszulegen sind und dass der Schutz des Art. 13 GG wegen der engeren Schranken im Einzelfall weitergehen kann, als der Schutz von Art. 14 Abs. 1 GG mit seinem einfachen Gesetzesvorbehalt. Damit betrifft eine Wohnungsverweisung gemäß § 34a PolG den Schutzbereich von Art. 13 Abs. 1 GG.

II. Ein **Eingriff** ist gegeben.

III. Dieser Eingriff könnte **verfassungsrechtlich gerechtfertigt** sein.

---

46 So etwa Pieroth/Schlink, StaatsR II, Rn. 949 f.

47 So etwa BVerfGE 89, 1, 12.

1. Dann müsste eine **Einschränkungsmöglichkeit** (Schranke) gegeben sein. Für **sonstige Eingriffe** in den Schutzbereich des Art. 13 GG enthält **Art. 13 Abs. 7 Hs. 2 GG einen qualifizierten Gesetzesvorbehalt**. Danach kann das Wohnungsgrundrecht zur Verhütung dringender Gefahren für die öffentliche Sicherheit eingeschränkt werden. Dieser Gesetzesvorbehalt wird durch § 34a PolG ausgestaltet.

2. § 34a PolG müsste eine **verfassungsgemäße Konkretisierung** des qualifizierten Gesetzesvorbehaltes des Art. 13 Abs. 7 Hs. 2 GG sein.

a) Die Anforderungen des qualifizierten Gesetzesvorbehaltes aus Art. 13 Abs. 7 Hs. 2 GG sind gegeben.

b) Hinsichtlich der Beachtung der Schranken-Schranken gilt das oben zu Art. 11 GG ausgeführte.

§ 34a PolG verstößt nicht gegen Art. 13 GG.

C. Daneben könnte eine **Unvereinbarkeit mit Art. 14 GG, dem Eigentumsrecht** gegeben sein.

I. Es müsste der **Schutzbereich betroffen** sein.

Eigentum i.S.v. Art. 14 GG ist die ausschließliche Zuordnung einer vermögenswerten Position durch das einfache Recht zu einem bestimmten Zeitpunkt. Dazu gehört auch die ungestörte Ausübung des Besitz- oder Nutzungsrechtes durch den Eigentümer bzw. Mieter einer Wohnung.

§ 34a PolG sieht unter bestimmten Voraussetzungen eine Wohnungsverweisung bis zu zehn Tagen vor, sodass der Schutzbereich von Art. 14 GG betroffen ist.

II. Eingriffe in den Schutzbereich von Art. 14 GG können **Inhalts- und Schrankenbestimmungen gemäß Art. 14 Abs. 1 GG oder Enteignungen i.S.v. Art. 14 Abs. 3 GG** sein. Eine Inhalts- und Schrankenbestimmung i.S.v. Art. 14 Abs. 1 GG liegt u.a. dann vor, wenn keine Enteignung i.S.v. Art. 14 Abs. 3 GG gegeben ist.

Welche Probleme polizeirechtlicher Art sich bei einer Wohnungsverweisung ergeben können, erläutern wir in der Folge „Eine Wohnungsverweisung will wohl überlegt sein!" unseres **AS-Podcasts „Die Juraflüsterer"**. Hier geht es direkt zur Folge:

Enteignung ist jede final-konkret-individuelle Entziehung eigentumsrechtlicher Positionen durch Verwaltungsakt oder Gesetz zur Inanspruchnahme für öffentliche Zwecke, mit der der Staat eine **Güterbeschaffung** zugunsten der öffentlichen Hand oder eines sonstigen Berechtigten bezweckt. Diese Rechtsfolgen werden durch § 34a PolG und die dadurch mögliche befristete Wohnungsverweisung nicht bewirkt, weil insbesondere für den Zeitraum der Wohnungsverweisung die Wohnung nicht für öffentliche Zwecke in Anspruch genommen wird und weil die Eigentumsbeeinträchtigung zur Verhinderung von Straftaten ein typischer Fall der Sozialbindung des Eigentums i.S.v. Art. 14 Abs. 1, Abs. 2 GG ist.

§ 34a PolG ermöglicht einen Eingriff in den Schutzbereich von Art. 14 GG in Form der **Inhalts- und Schrankenbestimmung** gemäß Art. 14 Abs. 1 S. 2 GG.

III. Der Eingriff in den Schutzbereich des Art. 14 GG ist, wie oben bereits zu den anderen Grundrechten festgestellt, **verfassungsrechtlich gerechtfertigt**.

§ 34a PolG verstößt auch nicht gegen Art. 14 GG.

D. Letztlich könnte eine **Unvereinbarkeit mit Art. 6 GG** gegeben sein.

I. Dann müsste der **Schutzbereich betroffen** sein.

Gemäß Art. 6 Abs. 1 GG stehen **Ehe und Familie** unter dem besonderen Schutz der staatlichen Ordnung. Dabei enthält diese Norm nicht nur entsprechend dem Wortlaut eine objektive Schutzpflicht des Staates, sondern auch ein Grundrecht als subjektives Abwehrrecht gegen rechtswidrige staatliche Beeinträchtigungen.

Ehe i.S.v. Art. 6 Abs. 1 GG ist die Vereinigung eines Mannes und einer Frau zu einer auf Dauer angelegten Lebensgemeinschaft; „Familie" ist die umfassende Gemeinschaft der Eltern mit ihren Kindern. Geschützt werden neben dem ehelichen Zusammenleben auch das Zusammenleben der Eltern mit ihren Kindern.

Adressaten und mögliche Adressaten der Wohnungsverweisung gemäß § 34a PolG sind zu einem nicht unerheblichen Teil Ehemänner und auch Familienväter. Da die Wohnungsverweisung das Recht auf eheliches Zusammenleben bzw. auf Zusammenleben mit den Kindern zumindest zeitweilig unterbrechen kann, ist der Schutzbereich von Art. 6 Abs. 1 GG betroffen.

II. Ein **Eingriff** in den Schutzbereich von Art. 6 Abs. 1 GG liegt immer dann vor, wenn staatliche Maßnahmen Ehe und Familie beeinträchtigen. Da § 34a PolG eine solche Beeinträchtigung ermöglicht, liegt ein Eingriff in den Schutzbereich von Art. 6 Abs. 1 GG vor.

III. Dieser Eingriff könnte **verfassungsrechtlich gerechtfertigt** sein.

1. Dann müsste zunächst eine **Einschränkungsmöglichkeit** (Schranken) bestehen.

Nach dem Wortlaut ist Art. 6 Abs. 1 GG nicht einschränkbar. Es gelten demnach die verfassungsimmanenten Schranken, also Grundrechte Dritter und andere Werte von Verfassungsrang. § 34a PolG schützt Leben, körperliche Unversehrtheit und Freiheit der gefährdeten Personen und damit Grundrechte Dritter.

2. Die **Schranken-Schranken** sind, wie oben bereits festgestellt, eingehalten.

§ 34a PolG ist auch mit Art. 6 Abs. 1 GG vereinbar.

E. Art. 2 Abs. 1 GG tritt im Wege der **Konkurrenz** hinter den speziellen Freiheitsrechten zurück.

Ergebnis: § 34a PolG ist mit den Grundrechten vereinbar.[48]

48 BVerfG NJW 2002, 2225.

Fall 30: Art. 11, 2 Abs. 1, 3 Abs. 1 GG

Nachdem der Bundesminister für Verkehr bei einem sonntäglichen Ausflug wieder einmal von einem älteren Verkehrsteilnehmer auf einer Bundesstraße bis auf 70 km/h „heruntergebremst" wurde, überzeugt er seine Kabinettskollegen davon, ein neues Gesetz auf den Weg zu bringen.

Daraufhin beschließt der Bund formell ordnungsgemäß ein neues „Gesetz zur Regelung einer Altersgrenze für Autofahrer (AgfAG)". Das Gesetz sieht vor, dass die Fahrerlaubnis der Klasse B (Auto – Klasse 3 a.F.) mit dem Tage der Vollendung des 75. Lebensjahres automatisch erlischt; der Fahrerlaubnisinhaber muss der Fahrerlaubnisbehörde den Führerschein unverzüglich zur Korrektur vorlegen. Das Gesetz wird damit begründet, dass mit zunehmendem Alter die körperliche Leistungsfähigkeit (Reaktionen, Sehkraft etc.) abnehme und dadurch vermehrt Gefahren im Straßenverkehr auftreten.

Der 74 jährige Rentner F fährt seit über 40 Jahren unfallfrei und ist völlig empört. Er sieht sich in unzulässiger Weise in seiner freien Entfaltung der Persönlichkeit und seiner Bewegungsfreiheit beschränkt. Zum einen wären ältere Verkehrsteilnehmer statistisch gesehen nicht häufiger in Unfälle verwickelt als junge, zumindest bezogen auf schwere Unfälle. Zum anderen hätte der Gesetzgeber auch weniger einschneidende Maßnahmen wählen können, wie z.B. Gesundheitschecks. Außerdem sei es nicht einsichtig, warum das Gesetz nur für die Fahrerlaubnis der Klasse B, nicht aber für die Klasse A (Motorrad – Klasse 1 a.F.) gelte. Dies stelle einen offensichtlichen Verstoß gegen den Gleichbehandlungsgrundsatz dar.

Zwei Monate nach Inkrafttreten des Gesetzes erhebt der F eine Verfassungsbeschwerde gegen das Gesetz, mit der er geltend macht, in seinen Grundrechten aus Art. 2, 3 und 11 GG verletzt zu sein. Hat die zulässige Verfassungsbeschwerde Erfolg?

Anmerkung: *Würde der F auch nach Vollendung des 75. Lebensjahres mit seinem Kfz fahren, würde er sich gemäß § 21 StVG strafbar machen.*

Die Verfassungsbeschwerde ist begründet, wenn der F durch das Gesetz in einem seiner Grundrechte oder grundrechtsgleichen Rechte verletzt ist.

Zum Prüfungsaufbau: Geprüft wird in der Reihenfolge „Freiheitsrechte vor Gleichheitsrechten". Dabei werden innerhalb dieser die speziellen (sachnäheren) vor den allgemeinen geprüft.

I. Verletzung des Art. 11 GG

Es müsste zunächst der Schutzbereich des Art. 11 GG betroffen sein. Unter Freizügigkeit versteht man die Freiheit, an jedem Ort innerhalb des Bundesgebietes **Aufenthalt und Wohnsitz** zu nehmen. Dabei umfasst die Freizügigkeit zwar auch die Möglichkeit, den Weg zwischen dem alten und dem neuen Aufenthaltsort zurück zu legen, nicht jedoch ein bestimmtes Mittel zur Fortbewegung. Durch die Beschränkung der Modalitäten der Fortbewegung durch das AgfAG kann F seinen Wohnsitz bzw. Aufenthaltsort weiterhin frei wählen, sodass der Schutzbereich des Art. 11 GG nicht betroffen ist.

II. Eine **Verletzung des Art. 2 Abs. 2 S. 2 GG**, der Freiheit der Person, setzt voraus, dass der Kernbereich der körperlichen Fortbewegungsfreiheit beeinträchtigt wird, z.B. durch eine Ingewahrsamnahme oder Verhaftung. Dieser Schutzbereich wird durch das AgfAG nicht betroffen.

III. Verletzung des Art. 2 Abs. 1 GG

Es könnte eine Verletzung der allgemeinen Handlungsfreiheit aus Art. 2 Abs. 1 GG gegeben sein.

1. Art. 2 Abs. 1 GG schützt die **allgemeine Handlungsfreiheit**. Das bedeutet, dass „jeder tun und lassen kann, was er will". Durch das AgfAG erlöschen die Fahrerlaubnisse automatisch mit Erreichen der Altersgrenze, sodass sich ein älterer Autofahrer wegen Fahrens ohne Fahrerlaubnis strafbar machen würde. Der **Schutzbereich** des Art. 2 Abs. 1 GG ist damit **betroffen**.

2. Durch das AgfAG wird zielgerichtet und automatisch, also unmittelbar, die Handlungsfreiheit älterer Autofahrer beschränkt. Ein **Eingriff** in den Schutzbereich ist gegeben.

3. Verfassungsrechtliche Rechtfertigung

a) Es müsste zunächst eine **Einschränkungsmöglichkeit** (Schranke) bestehen. Die allgemeine Handlungsfreiheit wird gemäß Art. 2 Abs. 1 GG durch die Rechte anderer, die verfassungsmäßige Ordnung und durch das Sittengesetz eingeschränkt (sog. Schrankentrias). Dabei erfasst die verfassungsmäßige Ordnung nach h.M. die **gesamte verfassungsmäßige Rechtsordnung**, also alle verfassungsgemäßen Normen. Die Einschränkungsmöglichkeit ist demnach als **einfacher Gesetzesvorbehalt** zu verstehen. Dieser wird durch das AgfAG umgesetzt.

b) Die Einschränkung des Grundrechtes durch das AgfAG stellt aber nur dann einen verfassungsrechtlich gerechtfertigten Eingriff in das Grundrecht dar, **wenn es die Einschränkungsmöglichkeit verfassungsmäßig konkretisiert**. Dies ist der Fall, wenn das Gesetz formell und materiell verfassungsgemäß ist.

aa) Das AgfAG ist **formell verfassungsgemäß**.

bb) Es müsste darüber hinaus auch **materiell verfassungsgemäß** sein. Hierfür müsste das AgfAG insbesondere **verhältnismäßig** sein.

(1) Durch die Altersgrenze für Fahrerlaubnisse sollen Sicherheitsrisiken im Straßenverkehr vermieden werden. Dies stellt einen **legitimen Zweck** dar.

(2) Fraglich ist, ob die Altersgrenze **geeignet** ist, um diesen Zweck zu erreichen. Eine Maßnahme ist geeignet, wenn sie die Zielerreichung zumindest fördert. F führt dazu an, statistisch gesehen wären ältere Autofahrer nicht häufiger in Unfälle verwickelt als jüngere, zumindest bezogen auf die schweren Unfälle. Allerdings steht dem Staat bezogen auf die Auswahl der Mittel eine **Einschätzungsprärogative** zu. Die Einschätzung des Staates, dass die körperliche Leistungsfähigkeit mit zunehmendem Alter abnimmt, ist zumindest nicht grundlegend falsch. Daher ist das AgfAG geeignet.

(3) Eine Maßnahme ist **erforderlich**, wenn es keine gleich geeigneten, milderen Mittel gibt. Als milderes Mittel käme z.B. eine stärkere Aufklärung infrage. Dabei dürfte es sich aber nicht um ein gleich geeignetes Mittel handeln. Gleich geeignet dürften hingegen **regelmäßige Gesundheitschecks** ab einem bestimmten Alter sein. Dabei könnten die zeitlichen Abstände der ärztlichen Untersuchungen mit zunehmendem Alter abnehmen. Dadurch wäre ebenfalls sichergestellt, dass fahruntaugliche Personen nicht mehr am Straßenverkehr teilnehmen dürften, während ältere, noch fahrtüchtige Personen auch weiterhin die Möglichkeit hätten, aktiv am Straßenverkehr teilzunehmen und mobil zu bleiben. Diese Maßnahme ist weit weniger einschneidend als der automatische Entzug der Fahrerlaubnis. Damit ist das AgfAG nicht erforderlich. Das AgfAG verstößt gegen den Grundsatz der Verhältnismäßigkeit. Der Eingriff in den Schutzbereich des Art. 2 Abs. 1 GG ist verfassungsrechtlich nicht gerechtfertigt. Das AgfAG ist somit verfassungswidrig.

IV. Verletzung des Art. 3 Abs. 1 GG

Durch das AgfAG könnte daneben auch das Grundrecht aus Art. 3 Abs. 1 GG verletzt sein. Dies setzt eine ohne sachlichen Grund erfolgende Ungleichbehandlung voraus.

1. **Ungleichbehandlung** von wesentlich gleichen Sachverhalten

Dann müsste zunächst etwas wesentlich Gleiches ungleich behandelt werden. Während nach dem AgfAG die Fahrerlaubnis der Klasse B (Auto) automatisch mit Erreichen der Altersgrenze erlischt, gilt dies nicht für die Fahrerlaubnis der Klasse A (Motorrad). Diese beiden Klassen sind, bezogen auf die Sicherheitsrisiken im Straßenverkehr, wesentlich vergleichbar. Eine Ungleichbehandlung in diesem Sinne liegt vor.

Da schon nach der „Willkür-Formel" keine Rechtfertigung gegeben ist, erübrigt sich eine Prüfung unter Gesichtspunkten der Verhältnismäßigkeit (sog. „Neue Formel").

2. Sachliche Rechtfertigung

Eine Ungleichbehandlung stellt nach der sog. „Willkür-Formel" des BVerfG dann keine Verletzung des Grundrechtes aus Art. 3 Abs. 1 GG dar, wenn ein sachlicher Grund gegeben ist. Ein sachlicher Grund für eine Differenzierung ist jedoch nicht ersichtlich. Vielmehr ist das Führen von Motorrädern in hohem Alter eher noch kritischer zu beurteilen als das Führen eines Pkw. Damit verletzt das AgfAG auch Art. 3 Abs. 1 GG und ist auch aus diesem Grunde verfassungswidrig.

Ergebnis: Nach alledem ist die Verfassungsbeschwerde begründet und hat Erfolg.

Fall 31: Art. 10, 13, 103 Abs. 1 GG

Gegen E wird ein strafrechtliches Ermittlungsverfahren wegen des Verdachts des Besitzes kinderpornografischer Schriften geführt. Anlass der Ermittlungen sind Erkenntnisse aus einem Verfahren gegen eine in Kanada ansässige Internetplattform, über die weltweit Bild- und Videomaterial mit überwiegend oder vollständig unbekleideten vorpubertären Jungen, teilweise mit kinder- oder jugendpornografischem Inhalt, als Download oder über Zusendung physischer Datenträger vertrieben wurde. Auch E wurden Bestellungen von 31 Produkten zugeordnet, die das BKA aber als strafrechtlich nicht relevant einstufte.

Durch Beschluss ordnete das zuständige Amtsgericht u.a. die Durchsuchung der Wohnung des E an (§§ 102 ff. StPO). Dieser wurde insbesondere damit begründet, dass zu vermuten sei, dass die Durchsuchung zur Auffindung von näher bezeichneten Beweismitteln führen werde. Aufgrund der dem E zugeordneten kostenpflichtigen Film- und Fotosets mit Nacktaufnahmen von Minderjährigen sei auch bei Einordnung des Materials als strafrechtlich irrelevant ein Anfangsverdacht dafür gegeben, dass der E sich wegen des Besitzes kinderpornografischer Schriften strafbar gemacht habe. Die von ihm mutmaßlich bestellten Produkte sprächen für eine pädophile Neigung und, aufgrund kriminalistischer Erfahrung aus einer Vielzahl gleich gelagerter Fälle, dafür, dass dieser auch strafrechtlich relevantes Material besitze. Im Rahmen einer Beschwerde zum Landgericht führte E aus, der erforderliche Anfangsverdacht einer Straftat habe nicht bestanden. Von einem straflosen Vorverhalten könne nicht auf ein strafbares Handeln geschlossen werden. Ohne dem E die Möglichkeit zur Stellungnahme zur Beschwerdeerwiderung der Staatsanwaltschaft zu geben, verwarf das Landgericht die Beschwerde des E. Die von E erhobene Anhörungsrüge wies das Landgericht ebenfalls zurück. § 33a StPO erfasse nicht jede, sondern nur eine entscheidungserhebliche Verletzung rechtlichen Gehörs. Eine solche liege nur vor, wenn sich die unterbliebene Anhörung auf das Ergebnis der Entscheidung ausgewirkt habe. Daran fehle es hier.

E erhebt Verfassungsbeschwerde zum BVerfG und rügt eine Verletzung der Art. 13 und 103 Abs. 1 GG. Hat die zulässige Verfassungsbeschwerde Erfolg?

Hinweis: Gehen Sie davon aus, dass die Vorschriften der StPO verfassungsgemäß sind.

Die zulässige Verfassungsbeschwerde hat Erfolg, wenn sie begründet ist. Sie ist begründet, soweit E durch die angegriffenen Beschlüsse **in verfassungsspezifischer Weise** in seinen Grundrechten verletzt ist.

I. Der Durchsuchungsbeschluss des Amtsgerichts in der Gestalt der Beschwerdeentscheidung des Landgerichts könnte E in seinem Grundrecht der Unverletzlichkeit der **Wohnung gemäß Art. 13 GG** verletzen.

1. Dann müsste zunächst ein **Eingriff in den Schutzbereich** des Art. 13 GG gegeben sein. Nach Art. 13 Abs. 1 GG ist die **Wohnung** unverletzlich. Als Wohnung wird jeder Raum angesehen, den der einzelne der allgemeinen

Zugänglichkeit entzieht und zum Ort seines Lebens und Wirkens bestimmt. Wegen des engen Zusammenhangs mit dem Grundrecht auf freie Entfaltung der Persönlichkeit gemäß Art. 2 Abs. 1 GG soll Art. 13 GG eine „räumliche Privatsphäre" schützen. Der Durchsuchungsbeschluss, der es ermöglicht, auch gegen den Willen des Berechtigten die Wohnung zu betreten und dort Suchhandlungen durchzuführen, greift in den so geschützten Lebensbereich ein.

2. Dieser Eingriff könnte **verfassungsrechtlich gerechtfertigt** sein.

a) Dann müsste zunächst eine **Einschränkungsmöglichkeit** bestehen. Die Schrankensystematik des Art. 13 GG unterscheidet nach der Art des Eingriffs. Eine **Durchsuchung** darf nach dem **qualifizierten Gesetzesvorbehalt des Art. 13 Abs. 2 GG** nur durch den Richter in der im Gesetz vorgeschriebenen Form durchgeführt werden. Grundlage für die Durchsuchungsanordnung des Amtsgerichts sind die §§ 102 ff. StPO, die diesen qualifizierten Gesetzesvorbehalt umsetzen.

b) Der Beschluss des Amtsgerichts, der auf §§ 102 ff. StPO beruht, müsste die Schranke **in verfassungsgemäßer Weise konkretisieren**. Dabei kann von der Verfassungsmäßigkeit der §§ 102 ff. StPO ausgegangen werden.

aa) Voraussetzung für eine Durchsuchung ist gemäß § 102 StPO, dass der Betroffene „einer Straftat **verdächtig** ist". Dafür müssen zureichende tatsächliche Anhaltspunkte vorliegen, dass eine Straftat bereits begangen wurde.

E meint, der erforderliche Anfangsverdacht einer Straftat habe nicht bestanden. Von einem straflosen Vorverhalten könne nicht auf ein strafbares Handeln geschlossen werden. Auch das BKA habe das dem E zugeordnete Material nicht als strafrechtlich relevant eingestuft.

Als Voraussetzung für eine Durchsuchung genügt es, dass aufgrund kriminalistischer Erfahrung die begründete Aussicht besteht, dass der Zweck der Durchsuchung erreicht werden kann. Die Durchsuchung darf aber nicht erst der Ermittlung von Tatsachen dienen, die zur Begründung eines Verdachts erforderlich sind.[49] Das Landgericht hat den Anfangsverdacht im vorliegenden Fall darauf gestützt, dass es das dem E unstreitig zuzuordnende Material entweder bereits für strafrechtlich relevant gehalten oder es jedenfalls in einen von tatsächlichen Wertungen abhängigen Grenzbereich zwischen strafrechtlich relevantem und irrelevantem Material eingeordnet hat. Es ist dabei zu dem Schluss gelangt, dass zu erwarten sei, der E werde sich auch aus anderen Quellen kinderpornografisches Material verschaffen. Dies entspricht dem kriminalistischen Erfahrungssatz, dass die Grenze zur strafbaren Kinderpornografie bei dem Bezug solcher als strafrechtlich relevant einschätzbarer Medien über das Internet – jedenfalls bei Anbietern, die auch eindeutig strafbares Material liefern – nicht zielsicher eingehalten werden kann und regelmäßig auch überschritten wird.[50]

Die Gerichte haben daher zu Recht einen Anfangsverdacht bejaht.

49 Meyer-Goßner/Schmitt, StPO, § 102 Rn. 2.

50 BVerfG RÜ 2014, 724.

bb) Bei Durchsuchungen, die schwerwiegend in die Lebens- und Privatsphäre eingreifen, ist der **Grundsatz der Verhältnismäßigkeit** besonders zu beachten. Insbesondere dürfen keine weniger einschneidenden Maßnahmen, die den Ermittlungszweck nicht gefährden, verfügbar sein.[51]

Es ist davon auszugehen, dass jemand, der verdächtigt wird im Besitz kinderpornografischen Materials zu sein, solches nicht freiwillig herausgeben wird, sodass eine Durchsuchung der Wohnung des E das einzig in Betracht zu ziehende Mittel darstellt. Der Durchsuchungsbeschluss ist daher auch verhältnismäßig.

Der Durchsuchungsbeschluss des Amtsgerichts in der Form der Entscheidung des Landgerichts greift damit in verfassungsrechtlich gerechtfertigter Weise in den Schutzbereich des Art. 13 GG ein. Art. 13 GG ist nicht verletzt.

II. E könnte dadurch, dass das Landgericht ihm keine Möglichkeit zur Stellungnahme zur Beschwerdeerwiderung der Staatsanwaltschaft eingeräumt hat, in seinem **grundrechtsgleichen Recht auf rechtliches Gehör** aus **Art. 103 Abs. 1 GG** verletzt sein.

1. Nach **Art. 103 Abs. 1 GG** hat jedermann vor Gericht einen Anspruch auf rechtliches Gehör. Dadurch wird jedem die Möglichkeit gegeben, sich in einem Prozess mit rechtlichen und tatsächlichen Argumenten zu behaupten. Daraus ergibt sich einerseits ein Anspruch des Bürgers auf Information, auf Äußerung und auf Berücksichtigung der Äußerungen. Andererseits ergibt sich daraus für die Gerichte die Pflicht, dem Bürger entsprechende Rechte einzuräumen. Dazu gehört es, den Bürger kommentarlos und ohne Einschränkung über den Prozessstoff zu unterrichten. Das Landgericht verwarf die Beschwerde des E, ohne ihm die Möglichkeit zur Stellungnahme zur Beschwerdeerwiderung der Staatsanwaltschaft eingeräumt zu haben. Dadurch wird das Recht des E aus **Art. 103 Abs. 1 GG verletzt**.

2. Der Gehörsverstoß des Landgerichts könnte jedoch durch die Entscheidung über die Anhörungsrüge **geheilt** worden sein. Aus den Gründen des Beschlusses ergibt sich, dass das Landgericht den Vortrag des E zu den ihm zunächst vorenthaltenen Ausführungen der Staatsanwaltschaft nachträglich zur Kenntnis genommen und erwogen hat. Insbesondere hat es die Ausführungen des E als für die angegriffene Entscheidung aus Rechtsgründen **unerheblich** eingestuft, sich auf dieser Grundlage eine abschließende Meinung gebildet und an seiner Rechtsansicht festgehalten.

Danach ist auch Art. 103 Abs. 1 GG nicht verletzt.

Ergebnis: Die Verfassungsbeschwerde des E ist unbegründet und erfolglos.

51 Meyer-Goßner/Schmitt, StPO, § 102 Rn. 15.

3. Teil: Gleichheitsgrundrechte

Fall 32: Art. 3 Abs. 1 GG

S ist Arbeitnehmer und ärgert sich wieder einmal über seinen Einkommensteuerbescheid. Zwar hat das Finanzamt (den Regelungen des EStG entsprechend) für seine berufsbedingten Aufwendungen den Arbeitnehmerpauschbetrag (1.230 € pro Jahr) abgezogen. Aber im Vergleich zu den Bundestagsabgeordneten fühlt sich S ungerecht behandelt. Er hat erfahren, dass den Abgeordneten eine nach § 3 Nr. 12 EStG steuerfreie Kostenpauschale von 5.051,54 € monatlich zusteht.

Wird S durch die den Abgeordneten gewährte steuerfreie Abgeordnetenpauschale in Art. 3 Abs. 1 GG verletzt?

S wird durch die in § 3 Nr. 12 EStG normierte Steuerbefreiung der den Abgeordneten gewährten Kostenpauschalen in seinem Recht aus Art. 3 Abs. 1 GG verletzt, wenn eine sachlich nicht gerechtfertigte Ungleichbehandlung gegeben ist.

I. Nach Art. 3 Abs. 1 GG sind alle Menschen vor dem Gesetz gleich. Der allgemeine Gleichheitssatz gebietet dem Gesetzgeber, wesentlich Gleiches gleich und wesentlich Ungleiches ungleich zu behandeln. Dabei gilt Art. 3 Abs. 1 GG sowohl für ungleiche Belastungen als auch für ungleiche Begünstigungen.

1. Fraglich ist daher zunächst, ob steuerlich die Arbeitnehmer und die Abgeordneten **wesentlich gleich** sind.

Der Arbeitnehmerpauschbetrag (und bei einem entsprechenden Nachweis ein höherer Werbungskostenabzug) gewährleisten das der Einkommensteuer zugrunde liegenden Nettoprinzip, nach dem nur das Nettoeinkommen (Erwerbseinnahmen abzüglich der Erwerbsaufwendungen) besteuert wird. Die steuerfreie Kostenpauschale für die Abgeordneten soll die durch die Ausübung des Mandats entstehenden Aufwendungen abdecken. Dazu zählen Ausgaben für die Einrichtung und Unterhaltung eines Wahlkreisbüros, für Fahrten im Wahlkreis und für die Wahlkreisbetreuung. Daneben bestreitet der Abgeordnete aus der Kostenpauschale auch die Ausgaben für die Zweitwohnung am Sitz des Parlaments. Insoweit werden auch beim Abgeordneten „beruflich" bedingte Aufwendungen steuerfrei gestellt und müssen nicht aus der Abgeordneten-Diät bestritten werden. Damit sind Arbeitnehmer und Abgeordnete steuerlich als wesentlich gleich zu beurteilen.

2. Die unterschiedliche steuerfreie Pauschale begünstigt auch die Abgeordneten im Vergleich zu Arbeitnehmern, sodass eine **Ungleichbehandlung** wesentlich gleicher Sachverhalte vor.

II. Diese Ungleichbehandlung könnte **sachlich gerechtfertigt** sein.

1. Aus dem allgemeinen Gleichheitssatz ergeben sich je nach Regelungsgegenstand und Differenzierungsmerkmalen unterschiedliche Grenzen für den Gesetzgeber, die vom bloßen Willkürverbot bis zu einer strengen Bindung an Verhältnismäßigkeitserfordernisse reichen. Dabei kommt es wesentlich darauf an, in welchem Maß sich die Ungleichbehandlung von Personen oder Sachverhalten auf die Ausübung grundrechtlich geschützter Freiheiten auswirken kann. Genauere Maßstäbe und Kriterien dafür, unter welchen Voraussetzungen der Gesetzgeber den Gleichheitssatz verletzt, lassen sich nicht abstrakt und allgemein, sondern nur in Bezug auf die jeweils betroffenen unterschiedlichen Sach- und Regelungsbereiche bestimmen.

2. Die Ungleichbehandlung wäre aber jedenfalls dann gerechtfertigt, wenn ein **sachlicher Grund** für die ungleiche Behandlung besteht, der **verhältnismäßig** ist. Sachlicher Grund für die steuerfreie Abgeordnetenpauschale ist, dass die den Abgeordneten durch die Ausübung des Mandats entstehenden Aufwendungen abgedeckt werden. Dieser Grund müsste, gerade im Hinblick auf die unterschiedliche Behandlung von Arbeitnehmern, verhältnismäßig, insbesondere angemessen sein.

Anders als bei Arbeitnehmern, die tatsächlich entstandene Aufwendungen über den Pauschbetrag hinaus als Werbungskosten geltend machen können, können solche tatsächlich entstandenen höheren Aufwendungen von Abgeordneten nicht steuerlich abgesetzt werden, denn es gibt für sie keine „Werbungskosten". Abgeordnete „schulden" im Unterschied zu Arbeitnehmern keine Dienste, sondern nehmen ein **freies Mandat** wahr. Der Abgeordnete entscheidet grundsätzlich frei und in ausschließlicher Verantwortlichkeit gegenüber dem Wähler über die Art und Weise der Wahrnehmung seines Mandats. Dies betrifft auch die Frage, welche Kosten er dabei auf sich nimmt. Die pauschale Erstattung dieser Aufwendungen soll Abgrenzungsschwierigkeiten vermeiden, die beim Einzelnachweis mandatsbedingter Aufwendungen dadurch aufträten, dass die Aufgaben eines Abgeordneten aufgrund der Besonderheiten des Abgeordnetenstatus nicht in abschließender Form bestimmt werden könnten. Ihr Charakter entspricht daher weniger einer Werbungskostenpauschale bei Arbeitnehmern, sondern vielmehr einem pauschalierten Auslagenersatz für Kosten, deren tatsächlicher Anfall vermutet wird.

Da auch nicht offensichtlich ist, dass die Abgeordnetenentschädigung bereits im Kern einen nicht tatsächlich entstandenen Aufwand ausgleicht, ist eine abweichende steuerliche Berücksichtigung der Aufwandsentschädigung eines Abgeordneten gegenüber den Erwerbsaufwendungen bei nichtselbständiger Arbeit dem Grunde nach sachlich gerechtfertigt.

Ergebnis: Damit ist die Ungleichbehandlung sachlich gerechtfertigt. S wird durch die den Abgeordneten gewährte steuerfreie Abgeordnetenpauschale nicht in Art. 3 Abs. 1 GG verletzt.

Fall 33: Art. 3 Abs. 1 GG

Angenommen, in der Bundesrepublik hat eine plötzliche, starke Erhöhung der Rohstoff- und Energiepreise zu einem kräftigen Anstieg der Lebenshaltungskosten geführt. Als einige Gewerkschaften bei den Arbeitgebern einen „Nachschlag" zu den Tariflöhnen durchgesetzt haben, beschließt der Bundestag ein Gesetz, wonach die Beamten einen zusätzlichen Ausgleich für Kaufkraftverluste erhalten sollen (genannt: Inflationsausgleich). Unter Hinweis auf die angespannte Haushaltslage, die auch eine Folge der Preissteigerungen ist, werden Beamte, die noch im Probeverhältnis stehen, ausgenommen. Der Bundesfinanzminister erklärte dazu, ein auch die Probebeamten erfassender Ausgleichsbetrag wäre nicht mehr finanzierbar gewesen, es sei denn, der Ausgleichsbetrag wäre auch bei den anderen Beamten noch weiter herabgesetzt worden.

B ist Beamter auf Probe und meint, das Gesetz sei verfassungswidrig. Ein Ausgleich für Kaufkraftverluste bei den Beamten sei eine unvertretbare Besserstellung des öffentlichen Dienstes, weil nur ein geringer Teil der Arbeitnehmer in der Privatwirtschaft bisher einen entsprechenden Ausgleich („Nachschlag") erhalten hätte. Auch dürften, wenn schon die Beamten im Vorbereitungsdienst (Beamte auf Widerruf) in die Regelung mit einbezogen worden seien, die Probebeamten nicht schlechter gestellt werden.

Ist die Auffassung zutreffend?

In materieller Hinsicht könnte das Gesetz über den Inflationsausgleich gegen **Art. 3 Abs. 1 GG** verstoßen.

A. Es könnte eine **Ungleichbehandlung der Beamten gegenüber den Arbeitnehmern** in der Privatwirtschaft gegeben sein.

Dann müsste zunächst eine **Ungleichbehandlung von etwas wesentlich Gleichem** vorliegen. Fraglich ist, ob Beamte und Arbeitnehmer in der Privatwirtschaft wesentlich gleich sind. Dazu müssten beide Gruppen unter einen gemeinsamen Oberbegriff zu fassen sein.

Hier könnte der Oberbegriff des „Arbeitstätigen" für beide Gruppen gelten. Allerdings stehen Beamte zu ihren Dienstherren in einem **öffentlich-rechtlichen** Dienst- und Treueverhältnis, während Arbeitnehmer privatrechtlich durch Arbeitsvertrag beschäftigt sind.

Zudem ist der Gesetzgeber wegen der Tarifautonomie (Art. 9 Abs. 3 GG) gar nicht befugt, einen Ausgleich für Kaufkraftverluste auch für die Arbeitnehmer anzuordnen. Im öffentlich-rechtlich ausgestalteten Beamtenverhältnis kann er dagegen die Rechtsverhältnisse durch Gesetz regeln.

Beamte und privatrechtlich beschäftigte Arbeitnehmer sind folglich nicht wesentlich vergleichbar. Eine Verletzung des Art. 3 Abs. 1 GG aus diesem Grunde liegt nicht vor.

B. Eine verfassungsrechtlich relevante Ungleichbehandlung könnte aber in der **Nichtberücksichtigung der Beamten auf Probe** gesehen werden.

I. Dann müsste insofern eine **Ungleichbehandlung** von **wesentlich gleichen** Sachverhalten bestehen.

1. Dafür ist zunächst ein **Vergleichspaar** zu bilden.

Fraglich ist, ob Beamte auf Probe und Beamte in einem anderen Beamtenverhältnis (auf Widerruf, auf Lebenszeit) wesentlich gleich sind. Beide Gruppen stehen zu ihren Dienstherren in einem öffentlich-rechtlichen Dienst- und Treueverhältnis. Beide werden von ihren Dienstherren alimentiert, d.h., sie bekommen Geld vom Staat, um sich einen angemessenen Lebensstandard zu erhalten. Demzufolge sind beide Gruppen wesentlich gleich.

In der richtigen Vergleichspaarbildung liegt häufig der Schwerpunkt; denn wer „Äpfel mit Birnen vergleicht", wird immer einen sachlichen Grund für eine Ungleichbehandlung finden.

2. Diese Teile des Vergleichspaares müssten **ungleich behandelt** werden.

Problematisch ist, dass es sich hier nicht um den Normalfall – den Verstoß einer belastenden Vorschrift gegen Art. 3 Abs. 1 GG – handelt; vielmehr könnte Art. 3 Abs. 1 GG deshalb verletzt sein, **weil gewisse Fälle nicht in eine Begünstigung einbezogen** sind. In der Nichtberücksichtigung der Beamten auf Probe könnte eine mögliche Grundrechtsverletzung durch Unterlassen liegen.

a) Aus dem Problembereich des gesetzgeberischen Unterlassens ist zunächst das absolute Unterlassen auszuscheiden, bei dem der Gesetzgeber schlicht untätig geblieben ist. Es hat im Zuwendungsbereich des Art. 3 GG keine Bedeutung, da bei einer alle betreffenden Untätigkeit eine Ungleichbehandlung Einzelner nicht denkbar ist.

b) Hier liegt der Fall vor, dass ein bestimmter Personenkreis begünstigt worden, anderen Personen (den Beamten auf Probe) diese Begünstigung aber nicht gewährt worden ist.

Handelt es sich um eine **Ungleichbehandlung durch Unterlassen**, so ist dieses nach allgemeinen, auch im Verfassungsrecht geltenden Grundsätzen **nur erheblich, wenn eine Rechtspflicht des Gesetzgebers zum Handeln besteht**.

Eine solche Rechtspflicht kann sich aus einem Verfassungsauftrag ergeben (z.B. Art. 6 Abs. 5 und Art. 33 Abs. 5 GG). Für den vorliegenden Fall lässt sich ein Verfassungsauftrag zur Zahlung eines Inflationsausgleichs nicht begründen.

Darüber hinaus ergibt sich aus Art. 3 Abs. 1 GG die Pflicht des Gesetzgebers, bei einer durch Gesetz vorgenommenen Begünstigung niemanden ohne sachlichen Grund (willkürlich) von dieser Begünstigung auszuschließen. Die eine Seite des Gleichheitsgebotes, Gleiches grundsätzlich auch gleich zu behandeln, gilt auch für Begünstigungen und ist eine Rechtspflicht. Somit hat der Gesetzgeber, falls er bei dem Ausschluss der Bundesbeamten auf Probe von dem Inflationsausgleich gegen Art. 3 Abs. 1 GG verstoßen hat, auch gleichzeitig eine aus Art. 3 Abs. 1 GG folgende Rechtspflicht zum Handeln verletzt.

Insoweit ist eine Ungleichbehandlung gegeben.

II. Die Ungleichbehandlung könnte aber **sachlich gerechtfertigt** sein. Eine Ungleichbehandlung darf nicht **willkürlich** sein.

Als **sachlicher Grund** kommt nach den im Sachverhalt wiedergegebenen Überlegungen in erster Linie in Betracht, dass nicht genügend Finanzmittel zur Verfügung standen. Jedoch ist der Umstand, dass die zu vergebenden Mittel begrenzt sind, noch kein ausreichender Grund dafür, gerade eine bestimmte Personengruppe von der Begünstigung ganz auszuschließen. Vielmehr bietet sich in derartigen Fällen – praktisch handelt es sich um den Normalfall, da die zur Verfügung stehenden Mittel stets in irgendeiner Weise begrenzt sind – die Lösung an, die Vergünstigung so zu bemessen, dass sie für alle ausreicht.

Als weiterer Grund kommt in Betracht, dass die Beamten auf Probe gegenüber den normalen Beamten auf Lebenszeit eine noch weniger gesicherte Rechtsstellung haben, die insofern gerechtfertigt ist, als der Beamte auf Probe sein Können und seine Erfahrungen noch nicht in demselben Umfang bewiesen hat wie der Beamte auf Lebenszeit. Allerdings erhalten auch Beamte auf Widerruf die Zulage. Dabei ist die Rechtsstellung der Widerrufsbeamten nach dem Beamtenrecht die schwächste aller Beamten. Der Beamte auf Probe steht zwischen dem Beamten auf Lebenszeit und dem Beamten auf Widerruf. Damit ist es offenkundig, dass es an einem sachlichen Grund fehlt, gerade die Beamten auf Probe vom Inflationsausgleich auszunehmen. Sachlich gerechtfertigt wäre allein, entweder allen Beamten einen (möglicherweise niedriger anzusetzenden) Inflationsausgleich zu gewähren oder auch die Beamten auf Widerruf davon auszunehmen.

Ergebnis: Somit verstößt das Gesetz gegen Art. 3 Abs. 1 GG.

Fall 34: Art. 3 Abs. 2, Abs. 1 GG – Haartracht in der Bundeswehr

A leistete einen freiwilligen Wehrdienst in einem Ausbildungsregiment der Bundeswehr. Er trug bei Antritt des freiwilligen Wehrdienstes ca. 40 cm lange Haare, die offen getragen auf den Rücken fielen. Im Dienst sicherte er die Haare zunächst mit mehreren Haargummis, sodass sie einen langen, über den Uniformkragen hinaus bis zu den Schulterblättern reichenden Pferdeschwanz ergaben. Seine Vorgesetzten befahlen dem A mehrfach, sich mit einer Frisur zum Dienst zu melden, die den Bestimmungen des Haar- und Barterlasses entspricht. Dieser Erlass des Bundesverteidigungsministeriums sieht für männliche Soldaten vor, dass das Haar am Kopf anliegen oder so kurz geschnitten sein muss, dass Ohren und Augen nicht bedeckt werden. Das Haar muss so getragen werden, dass bei aufrechter Kopfhaltung Uniform- und Hemdkragen nicht berührt werden. Modische Frisuren sind ausdrücklich erlaubt.

A meint, es liege eine nicht gerechtfertigte Ungleichbehandlung gegenüber Soldatinnen vor, sodass Art. 3 Abs. 2 S. 1 GG durch den Haarerlass verletzt sei. Hat er Recht?

Durch die unterschiedlichen Regelungen für Soldaten und Soldatinnen könnte ein Verstoß gegen den **speziellen Gleichheitssatz des Art. 3 Abs. 2 S. 1 GG** vorliegen. Danach sind Männer und Frauen gleichberechtigt.

I. Zunächst müsste eine **Ungleichbehandlung zwischen Männern und Frauen** vorliegen. Während Soldaten das Tragen langer Haare verboten ist, ist dieses Soldatinnen erlaubt. Damit werden Männer und Frauen ungleich behandelt.

II. Diese Differenzierung wegen des Geschlechts könnte **sachlich gerechtfertigt** sein. Art. 3 Abs. 2 S. 1 GG enthält ein **absolutes Differenzierungsverbot**, d.h., dass eine Ungleichbehandlung wegen des Geschlechts (grundsätzlich) schon deshalb unzulässig ist, weil sie aufgrund des Geschlechts erfolgt. An das Geschlecht anknüpfende differenzierende Regelungen sind mit Art. 3 Abs. 2 S. 1 GG nur vereinbar, soweit sie zur Lösung von Problemen, die **ihrer Natur nach** nur entweder bei Männern oder bei Frauen auftreten können, **zwingend erforderlich** sind, oder eine **Abwägung mit kollidierendem Verfassungsrecht sie ausnahmsweise** legitimiert. Die unterschiedliche Behandlung männlicher und weiblicher Soldaten könnte hier aus der **Staatszielbestimmung des Art. 3 Abs. 2 S. 2 GG** als kollidierende Verfassungsnorm heraus gerechtfertigt sein. Danach hat der Staat die Pflicht zur tatsächlichen Durchsetzung der Gleichberechtigung der Frauen und Männer.

1. Die Zulässigkeit des Tragens langer Haare für Soldatinnen **bezweckt** auch die Förderung von Frauen. Sie soll den Dienst in den Streitkräften für Frauen attraktiver gestalten und so zu einer weiteren Erhöhung des Anteils an Soldatinnen in der Bundeswehr beitragen (der Anteil der Frauen in der Bundeswehr betrug im Jahre 2023 13,43 %). Dieses Ziel stellt i.S.d. tatsächlichen Durchsetzung der Gleichberechtigung der Frauen in der Bundeswehr ein verfassungsrechtlich zulässiges Differenzierungsziel dar. Die Ungleichbehandlung der Geschlechter müsste in der Abwägung mit der grundsätzlich verbotenen Ungleichbehandlung von Mann und Frau auch **verhältnismäßig** sein.

2. Die Haartrachtregelung für Soldatinnen fördert zumindest die Attraktivität des Dienstes in der Bundeswehr für Frauen und ist daher **geeignet**. Auch vor dem Hintergrund einer deutlich geringeren Bereitschaft von Frauen als von Männern zum (freiwilligen) Dienst in der Bundeswehr, sind andere, weniger belastende Maßnahmen nicht ersichtlich, sodass die Regelung auch **erforderlich** ist.

3. Die Regelung zur Haartracht und die sich daraus ergebende Ungleichbehandlung der Geschlechter müsste auch **angemessen** sein. Dies bedeutet, dass die durch die Regelung erstrebten Vorteile nicht erkennbar außer Verhältnis zu den Nachteilen stehen dürfen.

Der Einsatz von **Frauen in allen Verwendungsbereichen der Bundeswehr** (seit 2001) und die daraus resultierende Integration von Frauen in die Streitkräfte hat das **Erscheinungsbild der Bundeswehr verändert**. Gleichwohl hat sich für das äußere Erscheinungsbild von Soldatinnen, anders als bei den männlichen Soldaten, noch **keine Tradition** oder Erwartungshaltung innerhalb der Bundeswehr und in der Öffentlichkeit verfestigt, die etwa den an männliche Soldaten gerichteten Erwartungen vergleichbar wäre. Ein **Vergleich mit anderen Staaten**, die den Zugang zu ihren Streitkräften schon seit längerer Zeit für Frauen geöffnet haben, lässt erkennen, dass auch dort für männliche und für weibliche Soldaten unterschiedliche Regelungen der Haartracht getroffen werden und dabei den Soldatinnen weiterreichende Gestaltungsmöglichkeiten als den männlichen Soldaten eröffnet werden. Vor diesem Hintergrund besteht zumindest kein krasses Missverhältnis zwischen dem Zweck der Regelung, die Attraktivität der Bundeswehr für weibliche Soldaten zu erhöhen, und den traditionell gewachsenen (anderweitigen) Vorgaben für das äußere Erscheinungsbild männlicher Soldaten. Es ist nicht ersichtlich, dass die für männliche Soldaten geltende striktere Regelung des einheitlichen äußeren Erscheinungsbilds durch die flexiblere Regelung für Soldatinnen in ihrer geschilderten Bedeutung und Funktion im Selbstverständnis der Bundeswehr oder in der öffentlichen Wahrnehmung entwertet oder in Frage gestellt würde.

Ergebnis: Damit stellt die Regelung über die Haartracht von Soldatinnen eine zulässige Maßnahme zur Förderung von Frauen in der Bundeswehr dar. **Ein Verstoß gegen Art. 3 Abs. 2 S. 1 GG liegt nicht vor.**[52]

Anmerkung: *Die Fallfrage reduziert die Prüfung auf den Gleichheitssatz. Der Haar- und Barterlass greift jedoch auch in die* ***allgemeine Handlungsfreiheit (Art. 2 Abs. 1 GG)*** *der Soldaten ein. Die allgemeine Handlungsfreiheit schützt jegliches menschliches Verhalten und damit auch das* ***Recht, über die Gestaltung der äußeren Erscheinung*** *selbst zu entscheiden.*

52 BVerwG RÜ 2019, 453, 457; RÜ 2014, 320.

Allerdings können Einschränkungen der freien Gestaltung der Haartracht durch das Regelungsziel eines – für das Selbstverständnis und die öffentliche Wahrnehmung bestimmenden – einheitlichen Erscheinungsbildes und Auftretens der deutschen Streitkräfte im In- und Ausland bei der Erfüllung ihres Verteidigungsauftrages gerechtfertigt sein. Während daher früher ein gerechtfertigter Eingriff in das Grundrecht auf die freie Entfaltung der Persönlichkeit angenommen wurde,[53] hat das BVerwG mit Blick auf die ***Wesentlichkeitstheorie*** *diese Rechtsprechung ausdrücklich aufgegeben.[54] Nach § 4 Abs. 3 Soldatengesetz könne der Bundespräsident (oder die von ihm bestimmte Stelle) zwar Regelungen zur „*__*Uniform*__*" treffen. Dies genüge jedoch nicht als eine dem Bestimmtheitsgrundsatz genügende Ermächtigung zur Regelung der Haar- und Barttracht. Die Regelungen gelten jedoch für eine Übergangszeit bis zu einer (parlamentsgesetzlichen) Neuregelung fort.*

53 BVerwG RÜ 2014, 320.
54 BVerwG RÜ 2019, 453.

Fall 35: Art. 3 Abs. 1, Abs. 3 S. 1 GG – Das Mädchen im Knabenchor

Der Staats- und Domchor ist eine der ältesten musikalischen Einrichtungen Berlins. Der Chor besteht aus sieben verschiedenen Chorklassen, in denen ca. 250 Jungen und Männer singen. Dabei ist der Konzertchor die Chorklasse der höchsten Exzellenz. Er gibt Konzerte im In- und Ausland und gestaltet Gottesdienste im Berliner Dom musikalisch mit. Träger des Chors ist die staatliche Hochschule für Musik (H) als Körperschaft des öffentlichen Rechts. Deren Rechtsverhältnisse sind in einer Satzung des Preußischen Ministers für Wissenschaft, Kunst und Volksbildung aus dem Jahre 1923 geregelt.

M beantragte die Aufnahme ihrer 11-jährigen Tochter T in den Konzertchor des Staats- und Domchors Berlin. T habe bislang im Kinderchor der Komischen Oper Berlin und in der Domsingschule in Frankfurt am Main gesungen. Sie erhalte regelmäßigen Stimmbildungsunterricht und habe große Freude an geistlicher Musik entwickelt.

Der für die Aufnahme zuständige Chorleiter verwies M an den Mädchenchor der Sing-Akademie zu Berlin. Der Staats- und Domchor sei nach seiner Satzung ein Knabenchor, in dem ein Mädchen nicht mitsingen könne. Der Staats- und Domchor bilde deshalb seit Jahren mit dem Mädchenchor der Sing-Akademie organisatorisch, infrastrukturell und finanziell eine programmatische Einheit. Der Mädchenchor sei eigens zum Zwecke einer den Jungen gleichwertigen Förderung gegründet worden. Die Nichtaufnahme der T sei nicht auf ihr Geschlecht zurückzuführen. Vielmehr sei das vom Chorleiter angestrebte Klangbild das eines Knabenchors. Bestimmte Werke seien ausschließlich für Knabenchöre geschrieben worden. Selbst wenn die Ablehnung von Mädchen eine Ungleichbehandlung i.S.v. Art. 3 Abs. 1 GG darstellen sollte, sei diese durch die Kunstfreiheit der H und des Chorleiters aus Art. 5 Abs. 3 GG gerechtfertigt.

Dagegen meint M, die Nichtaufnahme ihrer Tochter T verletze diese in ihrem Anspruch auf gleiche Teilhabe an staatlichen Leistungen und an staatlicher Förderung aus Art. 3 Abs. 1 und 3 GG. Die Zugangsbeschränkung auf Jungen diskriminiere sie in unzulässiger Weise. Die traditionelle Bedeutung des Knabenchors rechtfertige die Ungleichbehandlung nicht. Weibliche und männliche Kinderstimmen unterschieden sich nicht fundamental. Es gebe auch keine geschlechtsbezogenen, anatomischen Unterschiede von Mädchen und Jungen vor dem Stimmbruch, die Mädchen grundsätzlich nicht befähigten, dem angestrebten Klangbild zu entsprechen.

Hat T einen Anspruch auf Aufnahme in den Konzertchor des Staats- und Domchors aus Art. 3 Abs. 1 i.V.m. Abs. 3 GG?

T hat einen Anspruch aus Art. 3 Abs. 1 i.V.m. Abs. 3 GG auf Aufnahme in den Konzertchor, wenn eine Nichtaufnahme der T eine nicht gerechtfertigte Diskriminierung der T und damit eine Verletzung des Art. 3 Abs. 1 i.V.m. Abs. 3 GG darstellen würde.

I. Aus dem in Art. 3 Abs. 1 GG verbürgten Gleichheitsrecht folgt **als abgeleitetes Teilhaberecht ein Anspruch auf Zugang zu öffentlichen Einrichtungen**. Das Teilhaberecht verpflichtet den Staat zwar nicht dazu, bestimmte Einrichtungen zu schaffen. Es setzt vielmehr deren Bestehen voraus und vermittelt (nur) einen Anspruch auf gleichheitsgerechten Zugang.

II. Der Teilhabeanspruch besteht allerdings nur **im Rahmen der Widmung**. Da der Staat nicht verpflichtet ist, bestimmte öffentliche Einrichtungen zu schaffen, darf er erst recht darüber entscheiden, welchem Zweck die Einrichtung dienen soll. Allerdings darf die **Beschränkung nicht willkürlich** (Art. 3 Abs. 1 GG) **oder unverhältnismäßig** sein.

1. Nach der **Chorsatzung** handelt es sich um einen Knabenchor. Darin könnte eine **unzulässige Ungleichbehandlung** (i.S.d. Art. 3 Abs. 1 GG) von Mädchen zu sehen sein.

Nach Art. 3 Abs. 1 GG sind alle Menschen vor dem Gesetz gleich. Gemäß Art. 3 Abs. 3 S. 1 GG darf niemand u.a. wegen seines **Geschlechts** benachteiligt oder bevorzugt werden. Ein Verstoß gegen Art. 3 Abs. 3 S. 1 GG liegt allerdings nur vor, wenn die Benachteiligung oder Bevorzugung **gerade wegen oder nur wegen** der dort genannten Kriterien erfolgt.

a) Die Nichtaufnahme von Mädchen in den Staats- und Domchor könnte **eine unmittelbare Benachteiligung** in diesem Sinne darstellen. Dafür spricht die in der Satzung vorgesehene Einteilung der Chorklassen, wonach nur das männliche Geschlecht zum Chorgesang zugelassen ist. Allerdings zielt die Auswahl durch den Chorleiter darauf ab, einen bestimmten Klang zu erzeugen, wobei für einen Knabenchor der Klang eines Knabenchors charakteristisch ist. Nach diesem Verständnis des Widmungszwecks ist der Staats- und Domchor **auf einen bestimmten Klangraum**, nämlich den eines Knaben- bzw. Männerchors, ausgerichtet.

Eine **unmittelbare Diskriminierung** wegen des Geschlechts liegt daher nicht vor.

b) Es könnte sich jedoch um eine **mittelbare Diskriminierung** handeln. Eine faktische, also nur mittelbare Ungleichbehandlung weiblicher Bewerberinnen könnte darin liegen, dass sich aus dem Aufnahmekriterium des Knabenchorklangs der Stimme eine wesentlich geringere Aufnahmewahrscheinlichkeit und damit **eine unzulässige Benachteiligung für Mädchen** ergeben, da ungleich mehr Jungen als Mädchen eine solche Stimme haben. Art. 3 Abs. 3 GG verbietet eine Ungleichbehandlung aus den dort genannten Gründen **auch insoweit**, als mit ihr primär andere Ziele verfolgt werden. An das Geschlecht anknüpfende Ungleichbehandlungen sind mit Art. 3 Abs. 3 GG nur vereinbar, soweit sie zur Lösung von Problemen, die ihrer Natur nach nur entweder bei Männern oder bei Frauen auftreten können, **zwingend erforderlich** sind. Fehlt es an solchen Gründen für eine Ungleichbehandlung, lässt sich diese nur noch im Wege einer **Abwägung mit kollidierendem Verfassungsrecht** legitimieren.[55]

aa) Als **zwingende Gründe**, die ausnahmsweise eine Ungleichbehandlung wegen des Geschlechts rechtfertigen können, sind vor allem biologi-

55 OVG Bln-Bbg, RÜ 2021, 723, 726.

sche oder funktionale Unterschiede der Geschlechter anerkannt. Solche sind hier nicht erkennbar. Insbesondere gibt es keine geschlechtsbezogenen, anatomischen Unterschiede von Mädchen und Jungen vor dem Stimmbruch, die Mädchen grundsätzlich nicht befähigten, dem angestrebten Klangziel zu entsprechen.

bb) Die Ungleichbehandlung könnte aber aus **kollidierendem Verfassungsrecht**, und zwar der **Kunstfreiheit** des Chorleiters und der H (Art. 5 Abs. 3 GG), gerechtfertigt sein.

(1) Dann müsste die Kunstfreiheit zunächst **anwendbar** sein. Der Chorleiter als **natürliche Person** ist Träger von Grundrechten. Fraglich ist, ob dies auch für die H als **Körperschaft des öffentlichen Rechts** gilt. Der Staat ist zwar an die Grundrechte gebunden (Art. 1 Abs. 3 GG), aber grundsätzlich nicht selbst Träger der Grundrechte (**Konfusionsargument**).

Zwar richtet sich die Kunstfreiheit wie alle Freiheitsrechte in erster Linie gegen den Staat. Das Grundrecht aus Art. 5 Abs. 3 S. 1 GG ist aber zugleich eine **objektive Entscheidung für die Freiheit der Kunst**. Aus diesem Grund ist das Grundrecht der Kunstfreiheit umfassend zu verstehen und gewährleistet jedem, der im künstlerischen Bereich tätig ist, ein individuelles Freiheitsrecht. Soweit es zur Herstellung der Beziehungen zwischen Künstler und Publikum der publizistischen Medien bedarf, sind auch diejenigen Personen durch die Kunstfreiheit geschützt, die eine solche vermittelnde Tätigkeit ausüben. **Eine kunstvermittelnde Tätigkeit kann auch eine staatliche Institution ausführen**, wenn sie eine künstlerische Einrichtung betreibt und die Grundlage deren künstlerischer Betätigung schafft. Als Trägerin des Staats- und Domchors ist die H daher durch die Kunstfreiheit geschützt.[56]

Demnach ist Art. 5 Abs. 3 GG sowohl auf den Chorleiter als auch auf die H anwendbar.

Zu den einzelnen Kunstbegriffen s.o. Fall 16

(2) Der Betrieb des Chores müsste in den **Schutzbereich** der **Kunst** fallen. Der Betrieb des Knabenchores stellt sowohl nach dem **formellen** als auch nach dem **materiellen** und **offenen** Kunstbegriff „Kunst“ dar.

Durch die Kunstfreiheit geschützt sind dabei sowohl der **Werkbereich** durch Auswahl, Ausbildung und Zusammenführung der einzelnen Chorstimmen zu dem angestrebten Knabenchorklang als auch der **Wirkbereich** durch die öffentliche Darbietung dieses künstlerischen Ergebnisses anlässlich von Konzerten und anderen öffentlichen Auftritten.

(3) Die Abwägung der widerstreitenden Interessen der damit betroffenen Kunstfreiheit der H und ihres Chorleiters aus Art. 5 Abs. 3 GG einerseits und dem Gleichbehandlungsrecht der T aus Art. 3 Abs. 1 und 3 GG andererseits hat nach dem **Grundsatz der praktischen Konkordanz** zu erfolgen.

Bei der nach dem Grundsatz der praktischen Konkordanz vorzunehmenden Abwägung sind die widerstreitenden Positionen in ihrer Wechselwirkung zu erfassen und so **zu einem schonenden Ausgleich** zu bringen, dass sie für alle Beteiligten möglichst weitgehend wirksam werden. Die Erzeugung des Knabenchorklangs setzt bestimmte Stimmen voraus. Diese

56 OVG Bln-Bbg, RÜ 2021, 723, 726.

Voraussetzung knüpft nicht an das biologische Geschlecht an, wenngleich zu vermuten ist, dass ungleich mehr Jungen als Mädchen eine solche Stimme haben. Es ließe sich aber weder mit der gebotenen Kulturpflege noch mit der Kunstfreiheit vereinbaren, als Konsequenz der damit einhergehenden faktischen Benachteiligung zu verlangen, auch solche Mädchen in den Konzertchor des Staats- und Domchors aufzunehmen, die keine dem Klangraum des Knabenchors entsprechende Stimme haben. Denn dann würde der Chor nach dem insoweit maßgeblichen künstlerischen Empfinden des Chorleiters insgesamt nicht mehr diesen Klangraum erzeugen. Der Chorleiter wäre in der Folge gezwungen, ein anderes als das von ihm angestrebte Klangbild hinzunehmen, was dem Widmungszweck des Staats- und Domchors widerspräche.

Demgegenüber muss das Gleichbehandlungsinteresse der T, das hier zunächst allein in einer statistisch niedrigeren Aufnahmewahrscheinlichkeit in den Konzertchor besteht, zurücktreten. Durch dieses Abwägungsergebnis wird die T als Mädchen weder faktisch von der Teilhabe an einem bestimmten Bereich gesellschaftlicher Betätigung ausgeschlossen noch wird ihr die grundsätzliche Möglichkeit genommen, in anderen Chören wie etwa der Sing-Akademie zu singen und in Gesangseinrichtungen eine musikalische Ausbildung mit vergleichbarem Niveau zu erhalten.

Nach alledem ist die mittelbare Ungleichbehandlung der T wegen ihres Geschlechtes aufgrund der Kunstfreiheit der H und des Chorleiters gerechtfertigt.

Ergebnis: T hat keinen Anspruch aus Art. 3 Abs. 1 i.V.m. Abs. 3 GG auf Aufnahme in den Konzertchor des Staats- und Domchors.

Anmerkung: *Im Originalfall hat das OVG Bln-Bbg auch noch einen Anspruch aus dem Recht auf Bildung aus Art. 20 Abs. 1 Verf Bln erörtert. Danach hat jeder Mensch ein Recht auf Bildung und das Land ermöglicht und fördert nach Maßgabe der Gesetze den Zugang eines jeden Menschen zu den öffentlichen Bildungseinrichtungen (ähnlich Art. 29 BbgVerf, Art. 27 BremVerf, Art. 8 Verf M-V, Art. 4 NdsVerf, Art. 25 Verf LSA, Art. 20 ThürVerf). Auch dieser Anspruch wird indes durch Art. 5 Abs. 3 GG verfassungsimmanent beschränkt.*

Fall 36: Art. 4 Abs. 1, 2 GG, Art. 2 Abs. 1 GG, Art. 3 Abs. 1 GG – Burkini

Die Stadt K im Land L unterhält auf ihrem Stadtgebiet mehrere Schwimmbäder, die den Einwohnern der Gemeinde und sonstigen Besuchern gegen Zahlung eines Entgelts zur Verfügung stehen. Auf welche Art und Weise die Schwimmbäder benutzt werden dürfen, ist durch die „Haus- und Badeordnung für die Bäder der Stadt K" (im Nachfolgenden: Badeordnung) geregelt.

Die Badeordnung ist nach Ziff. I Nr. 2 für alle Badbenutzer verbindlich und schließt in Ziff. II Nr. 3 Personen vom Zutritt zum Schwimmbad aus, die an anstoßerregenden Krankheiten, meldepflichtigen übertragbaren Krankheiten i.S.d. Infektionsschutzgesetzes oder offenen Wunden bzw. Hautausschlägen leiden. Um eine Kontrolle durch das Schwimmbadpersonal zu ermöglichen, wird in Ziff. IV Nr. 5 formell ordnungsgemäß folgende Regelung eingeführt:

„Der Aufenthalt im Nassbereich ist nur in Badehose, Badeanzug, Bikini oder Badeshorts gestattet. Neoprenanzüge sind für Leistungsschwimmer und Triathleten im Rahmen des Schwimmtrainings zugelassen. Im Rahmen des Schulschwimmens wird das Tragen eines Burkinis zugelassen."

Flankiert wird die neue Regelung in der Badeordnung durch eine Handlungsanweisung an das Badepersonal, dass die Einhaltung der Regelung überprüfen soll. Hierin wurde das Personal angewiesen, das Anziehen der Neoprenanzüge erst am Beckenrand zuzulassen.

A, die in der Stadt K wohnt, sieht in der Regelung eine Verletzung ihrer Grundrechte. Sie sei muslimischen Glaubens und dürfe aus Glaubensgründen eine öffentliche Badeanstalt nur mit einem sog. Burkini betreten. Hierbei handelt es sich um eine Badebekleidung für Frauen, die den gesamten Körper mit Ausnahme von Gesicht, Händen und Füßen bedeckt und die aus für das Schwimmen geeigneten Stoffen gefertigt wird. Durch das grundsätzliche Burkini-Verbot werde ihr der Besuch der Schwimmbäder in K unmöglich gemacht, obwohl sie eigentlich aus gesundheitlichen Gründen gehalten sei, das Schwimmbad zu besuchen. Aufgrund eines Bandscheibenvorfalles sei ihr durch den behandelnden Arzt Wassergymnastik in Form eines Funktionstrainings für ein Jahr verordnet worden. Die Übungen wolle sie privat verfestigen und durch das Schwimmen ihre Rückenmuskulatur kräftigen. A meint, die Regelungen der Badeordnung verletzten sie in ihrer Religionsfreiheit aus Art. 4 Abs. 1 GG. Darüber hinaus sei der allgemeine Gleichbehandlungsgrundsatz aus Art. 3 Abs. 1 GG verletzt, da kein sachlicher Grund für eine unterschiedliche Behandlung von Burkini- und Neoprenanzugträgerinnen ersichtlich sei. Trifft die Auffassung der A zu?

Das Burkiniverbot in der Badeordnung könnte die A in ihren Grundrechten aus Art. 4 Abs. 1, 2 GG, in ihrer allgemeinen Handlungsfreiheit (Art. 2 Abs. 1 GG) oder in ihrem Gleichbehandlungsanspruch aus Art. 3 Abs. 1 GG verletzen.

A. Ziff. IV Nr. 5 der Badeordnung könnte die **Glaubensfreiheit** der A aus Art. 4 Abs. 1 GG verletzen. Das ist der Fall, wenn der Burkini-Ausschluss einen Eingriff in den Schutzbereich darstellt und dieser Eingriff nicht gerechtfertigt ist.

I. Der **Schutzbereich** des Art. 4 Abs. 1 GG umfasst die Glaubens- und Gewissensfreiheit und die Freiheit des religiösen und weltanschaulichen Bekenntnisses. Art. 4 Abs. 2 GG gewährleistet darüber hinaus die ungestörte Religionsausübung. Art. 4 Abs. 1 und 2 GG bilden ein **einheitliches Grundrecht** der Glaubens- und Bekenntnisfreiheit, das jedes religiös oder weltanschaulich motivierte Denken, Reden und Handeln umfasst. Dazu gehört auch das Recht des Einzelnen, sein gesamtes Verhalten an den Lehren seines Glaubens auszurichten und dieser Überzeugung gemäß zu handeln.

A sieht es aufgrund der für sie geltenden religiösen Bekleidungsvorschriften für verbindlich an, sich in der Öffentlichkeit nur bedeckt zu zeigen. Allerdings kommt es für die Zuordnung eines bestimmten Verhaltens nicht ausschließlich auf die **subjektive Sichtweise** des Betroffenen an. Vielmehr ist diese subjektive Einschätzung aus dem jeweiligen **Selbstverständnis der Religionsgemeinschaften** zu würdigen. Viele Gläubige des Islam folgern aus Stellen des Korans entsprechende Bekleidungsvorschriften für Frauen, sodass hier von einem Selbstverständnis des Islam auszugehen ist und nicht ausschließlich von einer subjektiven Haltung der A. Damit kann das Tragen des Burkini plausibel dem Schutzbereich der Glaubensfreiheit zugeordnet werden. Der Schutzbereich ist betroffen.

II. Fraglich ist indes, ob sich die Regelung in Ziff. IV Nr. 5 Badeordnung als **Eingriff** in den Schutzbereich der Glaubensfreiheit darstellt. Ein Eingriff im klassischen Sinne ist jede finale, unmittelbare und imperative Verkürzung des grundrechtlichen Schutzbereichs durch einen staatlichen Rechtsakt.

1. Bei der Badeordnung handelt es sich um einen durch die Stadt K erlassenen Rechtsakt, der unmittelbar und imperativ Personen im Burkini von der Betretung des Nassbereichs der Schwimmbäder ausschließt. Letztlich werden Burkini-Trägerinnen außerhalb des Schulunterrichts zielgerichtet ausgeschlossen, was grundsätzlich für das Vorliegen eines Eingriffs spricht.

2. Fraglich ist allerdings, ob in der Regelung eine Verkürzung des grundrechtlichen Schutzbereichs liegt. A wird es nicht allgemeingültig untersagt, einen Burkini in der Öffentlichkeit zu tragen. Zwar lässt sich aus Ziff. II Nr. 5 Badeordnung schlussfolgern, dass eine Benutzung der städtischen Schwimmbäder im Burkini nicht gestattet ist. Insoweit ist jedoch zu berücksichtigen, dass sich aus der Glaubensfreiheit der A kein grundrechtlicher Anspruch auf Benutzung der Schwimmbäder ergibt, der durch die Badeordnung eingeschränkt würde. Vielmehr folgt der Nutzungsanspruch nur einfach-gesetzlich aus den entsprechenden Regelungen der GemO (Öffentliche Einrichtungen der Gemeinde). Dabei wird der Nutzungsanspruch allerdings nicht schrankenlos gewährleistet, sondern von vornherein nur „im Rahmen des geltenden Rechts" gewährt. Diese Einschränkung gestaltet die Stadt K durch die Regelung in Ziff. II Nr. 5 Badeordnung näher aus. In der Regelung liegt damit keine Verkürzung des grundrechtlichen Schutzbereichs aus Art. 4 GG, sondern die Modifizierung einer Leistung.

Folglich liegt kein Eingriff in den Schutzbereich vor, sodass eine Verletzung der Glaubensfreiheit nicht gegeben ist.

B. Auch die Verletzung der **allgemeinen Handlungsfreiheit** aus Art. 2 Abs. 1 GG scheidet aus. Das Grundrecht tritt im Wege **allgemeiner Subsidiarität** aufgrund des eröffneten Schutzbereiches des spezielleren Grundrechts aus Art. 4 Abs. 1 GG zurück.

C. Die Regelung in der Badeordnung könnte indes gegen das **allgemeine Gleichbehandlungsgebot aus Art. 3 Abs. 1 GG** verstoßen. Das ist der Fall, wenn im Ausschluss des Burkinis eine Ungleichbehandlung wesentlich gleicher Sachverhalte liegt, die ihrerseits nicht gerechtfertigt ist.

I. Eine **Ungleichbehandlung** nimmt die Badeordnung zwischen Badbesuchern im Burkini und in Neoprenanzügen vor, obwohl bei beiden Badebekleidungen der Körper zu einem großen Teil verdeckt wird. Während Besucher in Neoprenanzügen den Nassbereich im Rahmen des Schwimmtrainings betreten und das Schwimmbad benutzen dürfen, werden Besucherinnen mit Burkini von der Badbenutzung ausgeschlossen. Insofern handelt es sich auch um **wesentlich** gleiche Sachverhalte, sodass eine Ungleichbehandlung wesentlich gleicher Sachverhalte vorliegt.

II. Die Ungleichbehandlung könnte jedoch **gerechtfertigt** sein. Dabei ist zu berücksichtigen, dass sich aus dem allgemeinen Gleichheitssatz **je nach Regelungsgegenstand und Differenzierungsmerkmalen** unterschiedliche Grenzen ergeben, die von einer reinen Willkürprüfung bis hin zu strengen Verhältnismäßigkeitsanforderungen reichen können. Dabei gilt ein stufenloser Prüfungsmaßstab, dessen Inhalt sich nicht abstrakt, sondern nur nach den jeweils betroffenen unterschiedlichen Sach- und Regelungsbereichen bestimmen lassen. Jedenfalls bedürfen Differenzierungen stets der Rechtfertigung durch Sachgründe, die dem Differenzierungsziel und dem Ausmaß der Ungleichbehandlung angemessen sind.

Hier könnte die Differenzierung zwischen Burkinis und Neoprenanzügen zum Schutz der übrigen Badegästen vor Gesundheitsgefahren gerechtfertigt sein.

1. Dann müsste zunächst ein **zulässiges Differenzierungsziel** verfolgt werden. Nach Ziff. II Nr. 3 Badeordnung ist solchen Badegästen die Benutzung der städtischen Schwimmbäder nicht gestattet, die an anstoßerregenden Krankheiten, meldepflichtigen übertragbaren Krankheiten i.S.d. Infektionsschutzgesetzes oder offenen Wunden bzw. Hautausschlägen leiden. Um das Vorhandensein insbesondere von offenen Wunden und Hautausschlägen kontrollieren zu können, muss das Personal das körperliche Erscheinungsbild der Badegäste möglichst großflächig überprüfen können. Dies wäre bei Personen nicht möglich, die erhebliche Teile des Körpers bedecken, wie dies z.B. beim Tragen eines Burkinis der Fall ist. Beim Schutz der Gesundheit durch entsprechende Überprüfungsmöglichkeit handelt es sich um ein grundsätzlich legitimes Differenzierungsziel.

2. Das Burkiniverbot müsste auch ein **zulässiges und geeignetes Differenzierungskriterium** darstellen.

Sowohl Neoprenanzüge als auch Burkinis bedecken nahezu den ganzen Körper. Neoprenanzüge lassen daher zur Kontrolle durch das Badepersonal nicht mehr Körperteile frei als Burkinis. Dass Neoprenanzüge nur während des Schwimmtrainings zugelassen sind, kann daran nichts ändern. Dadurch dürfte zwar die Zahl der Badegäste, die in einem Neoprenanzug schwimmen (und folglich auch die von ihnen ausgehenden potenziellen Gesundheitsgefahren), eher gering sein. Dies gilt aber in gleicher Weise für die Trägerinnen von Burkinis, weil ihre Zahl ebenfalls begrenzt sein dürfte. Es ist auch nicht ansatzweise erkennbar, dass diese weniger verantwortungsvoll handeln, wenn sie an Krankheiten leiden als die Träger/-innen von Neoprenanzügen.

Es fehlt damit an einem geeigneten Differenzierungskriterium, sodass die Ungleichbehandlung zwischen Burkini-Trägerinnen einerseits und Trägerinnen und Trägern von Neoprenanzügen andererseits sachlich nicht gerechtfertigt ist.

Ergebnis: Folglich verletzt Ziff. IV Nr. 5 Badeordnung den allgemeinen Gleichbehandlungsgrundsatz aus Art. 3 Abs. 1 GG.

Anmerkung: *Dem steht auch nicht die Rechtsprechung zum Tragen von Burkinis im koedukativen Schulunterricht (vgl. BVerfG NVwZ 2017, 227; BVerwG RÜ 2013, 801) entgegen, jedenfalls dann nicht, wenn die Stadt K den grundsätzlichen Ausschluss von Burkinis mit Aspekten des Gesundheitsschutzes begründet. Nach der vorgenannten Rechtsprechung ist durch das Tragen von Burkinis im Schulunterricht ein Ausgleich im Sinne praktischer Konkordanz zwischen der Glaubensfreiheit der Schülerinnen auf der einen Seite und dem staatlichen Erziehungsgedanken aus Art. 7 GG auf der anderen Seite möglich.*

4. Teil: Verfassungsbeschwerde

Fall 37: Verfassungsbeschwerde, Beschwerdefähigkeit

Die Kernkraftwerk Süd-GmbH beantragte beim zuständigen Landesminister die atomrechtliche Genehmigung für die Errichtung des Kernkraftwerkes auf der Gemarkung Wyhl am Kaiserstuhl. Die Nachbargemeinde Sasbach erhob im atomrechtlichen Genehmigungsverfahren gegen dieses Vorhaben Einwendungen aus ihrer eigentumsrechtlichen Position, da sie Eigentümerin von naheliegenden Grundstücken ist, die nicht zur Erfüllung öffentlicher Aufgaben dienen. Nachdem die Gemeinde Sasbach auch letztinstanzlich erfolglos geblieben war, erhob sie eine Verfassungsbeschwerde zum BVerfG und berief sich auf Art. 14 Abs. 1 GG. Ist die Verfassungsbeschwerde zulässig?

Die Verfassungsbeschwerde ist zulässig, wenn die Sachentscheidungsvoraussetzungen gegeben sind.

I. Das BVerfG ist gemäß Art. 93 Abs. 1 Nr. 4a GG, § 13 Nr. 8a BVerfGG **zuständig** für die Entscheidung über eine Verfassungsbeschwerde.

II. Fraglich ist, ob die Gemeinde Sasbach **beschwerdefähig** ist gemäß **§ 90 Abs. 1 BVerfGG**. Danach kann die Verfassungsbeschwerde von **„jedermann"** erhoben werden.

1. Die Gemeinde Sasbach ist jedoch eine **juristische Person des öffentlichen Rechts**. Gemäß **Art. 19 Abs. 3 GG** gelten die Grundrechte auch für inländische juristische Personen, soweit sie ihrem Wesen nach auf diese anwendbar sind. Bedeutung hat diese Regelung vor allem für die juristischen Personen des Privatrechts.

2. Dagegen verneint das BVerfG in ständiger Rechtsprechung, dass auch juristische Personen des öffentlichen Rechts materielle Grundrechte innehaben können, soweit sie öffentliche Aufgaben wahrnehmen.

Konfusionsargument

a) Denn es könne nicht sein, dass der Staat einerseits **Verpflichteter der Grundrechte** und andererseits gleichzeitig Berechtigter der Grundrechte wäre. Davon sind jedoch auch Ausnahmen anerkannt, so z.B., wenn sich eine Universität auf das Grundrecht der wissenschaftlichen Lehre aus Art. 5 Abs. 3 Hs. 2 GG berufen will. Fraglich ist demnach, ob einer Gemeinde das Eigentumsrecht aus Art. 14 Abs. 1 GG außerhalb der Wahrnehmung öffentlicher Aufgaben, also auch im fiskalischen Bereich, zusteht.

b) Nach teilweisem Schrifttum soll Art. 14 Abs. 1 GG dagegen auf Gemeinden anwendbar sein, wenn das Grundstück **nicht öffentlichen Zwecken** dient und damit eine verselbstständigte, dem Bürger vergleichbare Rechtsposition geltend gemacht wird.

c) Dagegen spricht aber, dass Gemeinden Glieder im gestuften Staatsaufbau sind. Für ihre Grundrechtsfähigkeit kann grundsätzlich nichts anderes gelten, als für andere juristische Personen des öffentlichen Rechts. Es liege auch keine verselbstständigte, dem Bürger vergleichbare Rechtsposition vor, da der Umstand allein, dass eine juristische Person des öffentlichen Rechts öffentliche Aufgaben, also Aufgaben im Interesse der Allgemeinheit, wahrnimmt, sie nicht zum grundrechtsgeschützten Sachwalter des Einzelnen bei der Wahrnehmung seiner Grundrechte macht. Verlässt die juristische Person den Bereich der Wahrnehmung öffentlicher Aufgaben, so besteht noch weniger Grund, sie als Sachwalterin des privaten Einzelnen anzusehen. Daher ist Art. 14 Abs. 1 GG nicht auf Gemeinden anwendbar.[57]

Die Gemeinde Sasbach kann sich nicht auf Art. 14 GG berufen; sie ist nicht grundrechtsfähig. Die Sachentscheidungsvoraussetzungen der Verfassungsbeschwerde sind nicht gegeben.

Ergebnis: Mangels Beschwerdefähigkeit ist die Verfassungsbeschwerde der Gemeinde Sasbach unzulässig.

57 BVerfGE 61, 82 (Sasbach).

Fall 38: Verfassungsbeschwerde, Beschwerdefähigkeit

P ist eine Gesellschaft mit beschränkter Haftung nach italienischem Recht mit Sitz in Italien und produziert Polstermöbel, die nach den Entwürfen des 1965 verstorbenen Möbeldesigners Le Corbusier gefertigt werden. Zwischen P und der Fondation Le Corbusier in Paris, welche die Rechte des verstorbenen Urhebers wahrnimmt, bestehen seit 1965 urheberrechtliche Exklusivverträge für die weltweite Herstellung und den Verkauf bestimmter von Le Corbusier entworfener Möbel. Die Verträge erlauben der P auch das Vorgehen gegen Rechtsverletzungen.

Die Z, eine Zigarrenherstellerin, richtete in einer Kunst- und Ausstellungshalle eine Zigarrenlounge ein, in der sie Nachbildungen von Le-Corbusier-Möbeln aufstellte. Mit ihrer hiergegen gerichteten Unterlassungsklage obsiegte die P vor dem Landgericht und dem Oberlandesgericht. Der BGH wies dagegen die Klage mit der Begründung ab, dass das Aufstellen der Möbel weder das Verbreitungsrecht verletze noch gegen das Verwertungsverbot verstoße (§§ 17, 96 UrhG).

P sieht sich dadurch in ihrem verfassungsmäßigen Eigentumsrecht verletzt und erhebt eine Verfassungsbeschwerde zum BVerfG. Ist die Verfassungsbeschwerde zulässig?

Die Verfassungsbeschwerde der P ist zulässig, wenn die Sachentscheidungsvoraussetzungen gegeben sind.

I. Das BVerfG ist gemäß Art. 93 Abs. 1 Nr. 4a GG, § 13 Nr. 8a BVerfGG **zuständig** für die Entscheidung über Individualverfassungsbeschwerden.

Unklar bleibt in der Entscheidung der Prüfungsstandort. Das BVerfG spricht mehrfach von „Beschwerdefähigkeit und -befugnis". Vertretbar erscheint es danach auch, erst in der Beschwerdebefugnis (s.u. IV.) auf das Problem der Grundrechtsfähigkeit einer juristischen Person aus der EU einzugehen.

II. Beteiligtenfähig ist nach § 90 Abs. 1 BVerfGG **jedermann**, d.h., jeder, der fähig ist, Grundrechtsträger zu sein. P ist eine italienische Gesellschaft mit beschränkter Haftung. Nach **Art. 19 Abs. 3 GG** gelten die Grundrechte für **inländische juristische Personen**, soweit sie ihrem Wesen nach auf diese anwendbar sind.

1. Ob eine juristische Person eine inländische ist, bestimmt sich nach der sog. **Sitztheorie**. Maßgeblich ist, ob sich der Sitz der Hauptverwaltung in der Bundesrepublik Deutschland befindet. Danach wäre die italienische P nicht grundrechtsfähig.

2. Fraglich ist aber, ob dies auch für juristische Personen **mit Sitz in der EU** gilt. Dafür könnte **Art. 18 AEUV** sprechen, wonach jede Diskriminierung aus Gründen der Staatsangehörigkeit in der EU verboten ist.

a) Der **Wortlaut** des Art. 19 Abs. 3 GG spricht gegen eine erweiternde Auslegung. Es würde die Wortlautgrenze übersteigen, wenn man eine unionsrechtskonforme Auslegung auf eine Deutung des Merkmals „inländische" als „deutsche einschließlich europäische" juristische Personen stützen würde.[58]

b) Eine **historische Auslegung** lässt keinen eindeutigen Schluss zu. Zwar merkte der Parlamentarische Rat an, es „dürfte kein Anlass bestehen, auch ausländischen juristischen Personen den verfassungsmäßigen Schutz der Grundrechte zu gewähren", in den Jahren 1948/1949 stand die Entwicklung eines gemeinsamen Europas aber noch bevor.

58 BVerfG NJW 2011, 3428 Rn. 72.

c) Für eine **Anwendungserweiterung** des Art. 19 Abs. 3 GG auf juristische Personen mit Sitz im EU-Ausland könnten allerdings die Vorgaben der europäischen Verträge sprechen. Als Grundprinzip des Unionsrechts enthält **Art. 18 AEUV** das **Diskriminierungsverbot**. Danach ist jede Diskriminierung aus Gründen der Staatsangehörigkeit verboten. Dieses Verbot ist unmittelbar vor nationalen Gerichten anwendbar. Das Diskriminierungsverbot verpflichtet die Mitgliedstaaten und alle ihre Organe und Stellen, juristische Personen aus einem anderen EU-Mitgliedstaat auch im Hinblick auf den zu erlangenden Rechtsschutz Inländern gleichzustellen.[60] Dies spricht für eine Auslegung des Art. 19 Abs. 3 GG, nach der sich auch juristische Personen aus der EU auf die deutschen Grundrechte berufen können.

Beachte: Europarecht steht im Anwendungsvorrang vor nationalem Recht und ist daher höherrangiges Recht. Die unionsrechtskonforme Auslegung stützt das BVerfG heute **auch auf Art. 49 AEUV** (Niederlassungsfreiheit), da dieser ein spezielles Diskriminierungsverbot enthält.[59]

d) Wenn die nationalen Grundrechte auf „europäische" juristische Personen angewandt werden, bedeutet dies umgekehrt aber auch, dass diesen die Vorgaben der deutschen Verfassung entgegengehalten werden können. Voraussetzung der Berufungsmöglichkeit auf die Grundrechte ist demnach ein **hinreichender Inlandsbezug** der ausländischen juristischen Person, der die Geltung der Grundrechte in gleicher Weise wie für inländische juristische Personen geboten erscheinen lässt. Dies ist der Fall, wenn die ausländische juristische Person in Deutschland tätig wird und hier vor den Fachgerichten klagen und verklagt werden kann.[61]

Der Grundrechtsschutz ist auf juristische Personen mit Sitz in der Europäischen Union zu erstrecken. Art. 19 Abs. 3 GG ist so auszulegen, dass auch die italienische Gesellschaft P Trägerin der Grundrechte nach dem Grundgesetz ist. P ist beteiligtenfähig, soweit es um das Eigentumsgrundrecht geht.

III. Zulässiger Beschwerdegegenstand einer Verfassungsbeschwerde ist gemäß § 90 Abs. 1 BVerfGG jeder Akt der öffentlichen Gewalt. P wendet sich mit ihrer Verfassungsbeschwerde gegen das Urteil des BGH. Ein Urteil ist als Akt der öffentlichen Gewalt grundsätzlich ein tauglicher Beschwerdegegenstand **(Urteilsverfassungsbeschwerde)**.

IV. Ein Beschwerdeführer muss geltend machen, durch den Akt der öffentlichen Gewalt möglicherweise in seinen Grundrechten verletzt zu sein (§ 90 Abs. 1 BVerfGG, **Beschwerdebefugnis**).

1. Dann müsste zunächst eine Verletzung der gerügten Grundrechte **möglich** sein. Eigentum i.S.d. Art. 14 Abs. 1 GG umfasst alle vermögenswerten Positionen, die dem Einzelnen vom Gesetzgeber zu einem bestimmten Zeitpunkt im Sinne eines Ausschließlichkeitsrechtes gewährt werden. Dazu zählen auch Urheberrechte.

2. P wird durch das Urteil des BGH auch selbst, gegenwärtig und unmittelbar betroffen. Demzufolge ist P beschwerdebefugt.

V. P hat den Instanzenzug ausgeschöpft und damit den **Rechtsweg erschöpft**, § 90 Abs. 2 S. 1 BVerfGG. Die Verfassungsbeschwerde ist **nicht subsidiär**. Die **Form- und Fristregeln** der §§ 23 Abs. 1, 92, 93 Abs. 1 BVerfGG sind eingehalten. Die Verfassungsbeschwerde ist zulässig.

59 BVerfG RÜ 2017, 114, 116.

60 BVerfG RÜ 2011, 723.

61 BVerfG RÜ 2011, 723.

Fall 39: Verfassungsbeschwerde, Prozessfähigkeit

Der 17-jährige S ist Schüler an einem Gymnasium in M. Er meint, er könne seine Zeit wesentlich besser nutzen, als am Religionsunterricht teilzunehmen. Daher beantragt er beim Schulleiter, vom Religionsunterricht befreit zu werden. Dies wird vom Schulleiter abgelehnt.

Nachdem alle Rechtsbehelfe des S erfolglos blieben, erhebt er nunmehr form- und fristgerecht eine Verfassungsbeschwerde zum BVerfG. Ist die Verfassungsbeschwerde zulässig?

Fraglich ist, ob die Verfassungsbeschwerde zulässig ist. Dies ist der Fall, wenn die Sachentscheidungsvoraussetzungen der Verfassungsbeschwerde gegeben sind.

I. Das BVerfG ist gemäß Art. 93 Abs. 1 Nr. 4a GG, § 13 Nr. 8a BVerfGG **zuständig** für die Entscheidung über eine Verfassungsbeschwerde.

II. Beschwerdefähig ist gemäß § 90 Abs. 1 BVerfGG **„jedermann"**. Das ist jeder Träger eines Grundrechts. S ist **als natürliche Person** grundrechtsfähig und damit beschwerdefähig.

III. Fraglich ist jedoch, ob der 17-jährige S auch **prozessfähig** ist. Die Prozessfähigkeit betrifft die Frage, ob sich eine natürliche Person selbstständig auf ihre Grundrechte berufen kann, also insbesondere selbst Verfahrenshandlungen vor dem BVerfG vornehmen kann. Entscheidend ist dabei die Grundrechtsmündigkeit der Person.

Wann eine nicht geschäftsfähige natürliche Person **grundrechtsmündig** ist, wird unterschiedlich beurteilt.

Theorie der flexiblen Altersgrenze

1. Nach einer Auffassung hängt die Grundrechtsmündigkeit von der Einsichtsfähigkeit des Minderjährigen in die Tragweite des Grundrechtes ab. Indizien für eine Grundrechtsmündigkeit ergeben sich dabei aus Altersgrenzen in den Grundrechten selbst oder aus einfach-gesetzlichen Vorschriften.

Theorie der starren Altersgrenze

2. Nach anderer Ansicht besteht die Grundrechtsmündigkeit erst mit der Vollendung des 18. Lebensjahres, es sei denn, dass einfach-rechtliche Vorschriften etwas anderes bestimmen.

3. Vorliegend möchte sich der 17-jährige S im Rahmen einer Verfassungsbeschwerde auf das Grundrecht der Glaubens- und Religionsfreiheit des Art. 4 GG berufen.

§ 5 RKEG: „Nach der Vollendung des vierzehnten Lebensjahrs steht dem Kind die Entscheidung darüber zu, zu welchem religiösen Bekenntnis es sich halten will. Hat das Kind das zwölfte Lebensjahr vollendet, so kann es nicht gegen seinen Willen in einem anderen Bekenntnis als bisher erzogen werden."

Nach § 5 des Gesetzes über die religiöse Kindererziehung steht dem Kind nach Vollendung des 14. Lebensjahres die Entscheidung darüber zu, zu welchem religiösen Bekenntnis es sich halten will.

Demnach würde sich für die zunächst genannte Auffassung aus § 5 des Gesetzes über die religiöse Kindererziehung ein Indiz für die Grundrechtsmündigkeit des S ergeben. Der bereits 17-jährige S ist danach prozessfähig.

Auch nach der letztgenannten Ansicht wäre der 17-jährige S aus der einfachrechtlichen Vorschrift des § 5 des Gesetzes über die religiöse Kindererziehung grundrechtsmündig und prozessfähig.

Nach alldem ist eine Streitentscheidung entbehrlich. S ist prozessfähig.

IV. Tauglicher **Beschwerdegegenstand** einer Verfassungsbeschwerde ist gemäß § 90 Abs. 1 BVerfGG jeder Akt der öffentlichen Gewalt. S wehrt sich im Rahmen einer Urteils-Verfassungsbeschwerde gegen die letztinstanzliche Entscheidung.

V. S müsste auch **beschwerdebefugt** sein, § 90 Abs. 1 BVerfGG.

1. Dann müsste die **Möglichkeit einer Grundrechtsverletzung** gegeben sein. S möchte vom Religionsunterricht befreit werden. Damit macht er geltend, dass er in Art. 4 GG (negative Religionsfreiheit) und in Art. 2 Abs. 1 GG (allgemeine Handlungsfreiheit) verletzt ist.

2. S ist durch die Ablehnung der Befreiung vom Religionsunterricht und die dies bestätigenden Urteile auch **selbst, gegenwärtig und unmittelbar** betroffen.

S ist beschwerdebefugt.

VI. Alle Rechtsbehelfe des S sind erfolglos geblieben. Der **Rechtsweg** ist somit **erschöpft**, § 90 Abs. 2 BVerfGG.

VII. Der auch im Rahmen der Urteilsverfassungsbeschwerde zu berücksichtigende, vom BVerfG aus § 90 Abs. 2 S. 1 BVerfGG abgeleitete **Grundsatz der Subsidiarität** steht nicht entgegen. S standen nach Lage der Sache keine anderen prozessualen Möglichkeiten zur Verfügung, um die geltend gemachte Verfassungsverletzung in dem sachnächsten Verfahren zu verhindern oder zu beseitigen.

Zu diesen prozessualen Möglichkeiten gehört z.B. die Anhörungsrüge (vgl. § 152a VwGO, § 321a ZPO).

VIII. Die **Monatsfrist** aus § 93 Abs. 1 BVerfGG ist ebenso gewahrt, wie die **Form** nach §§ 23 Abs. 1, 92 BVerfGG.

Ergebnis: Somit sind die Sachentscheidungsvoraussetzungen gegeben. Die Verfassungsbeschwerde des S ist zulässig.

Fall 40: Verfassungsbeschwerde, Beschwerdebefugnis

Aufgrund der vielen Diskussionen über die Gesundheitsgefahren durch das Rauchen hat der Bundestag ein Gesetz beschlossen, wonach das Rauchen auf öffentlichen Straßen und Plätzen verboten wird. Ein Verstoß dagegen wird mit einer Geldstrafe bestraft. Der Kettenraucher R möchte sich einen Monat nach Verkündung gegen das Gesetz mit einer Verfassungsbeschwerde wehren. Ist diese zulässig?

Die Verfassungsbeschwerde ist zulässig, wenn die Sachentscheidungsvoraussetzungen gegeben sind.

I. Das BVerfG ist gemäß Art. 93 Abs. 1 Nr. 4a GG, § 13 Nr. 8a BVerfGG **zuständig** für die Entscheidung über eine Verfassungsbeschwerde.

II. R ist als natürliche Person Träger von Grundrechten und mithin **beschwerdefähig**, § 90 Abs. 1 BVerfGG.

III. Tauglicher **Beschwerdegegenstand** ist gemäß § 90 Abs. 1 BVerfGG jeder Akt der öffentlichen Gewalt. R wehrt sich gegen das Gesetz im Rahmen einer Rechtssatz-Verfassungsbeschwerde.

IV. Es müsste die **Beschwerdebefugnis** (§ 90 Abs. 1 BVerfGG) gegeben sein.

1. Es besteht die **Möglichkeit einer Grundrechtsverletzung** in Art. 2 Abs. 1 GG.

self-executing-Norm: Eine Rechtsnorm, die nicht mehr von der Verwaltung umgesetzt werden muss, sondern „sich selbst vollzieht".

Insoweit kommt es nicht mehr darauf an, dass dem R wegen der Strafbewehrung ein Abwarten auch unzumutbar wäre (vgl. Subsidiarität).

2. R müsste auch **selbst, gegenwärtig und unmittelbar** betroffen sein. Durch das Gesetz ist R selbst und auch gegenwärtig betroffen. Daneben müsste der R auch unmittelbar betroffen sein. Der Beschwerdeführer ist unmittelbar betroffen, wenn der angegriffene Akt selbst und nicht erst ein weiterer Vollzugsakt in das Grundrecht des Betroffenen eingreift.

Durch das Gesetz wird das Rauchen auf öffentlichen Straßen und Plätzen verboten. Ein weiterer Umsetzungsakt durch die Behörde ist nicht mehr erforderlich. Es handelt sich um eine **self-executing-Norm**. Damit ist R auch unmittelbar betroffen und demzufolge beschwerdebefugt.

V. Gemäß § 90 Abs. 2 S. 1 BVerfGG muss vor Erhebung der Verfassungsbeschwerde zunächst der **Rechtsweg erschöpft** sein. Ein Rechtsweg ist für den Bürger gegen ein Parlamentsgesetz jedoch nicht gegeben.

VI. Nach dem vom BVerfG entwickelten **Grundsatz der Subsidiarität** der Verfassungsbeschwerde ist eine Rechtssatz-Verfassungsbeschwerde trotz des nicht vorhandenen Rechtsweges unzulässig, wenn es dem Beschwerdeführer zumutbar und möglich ist, zunächst vor den Fachgerichten die Norm inzidenter überprüfen zu lassen. Theoretisch wäre denkbar, dass R zunächst gegen das Verbot verstößt und sich dann gegen die Verurteilung zur Wehr setzt. Dabei würde inzident die Verfassungsmäßigkeit des Straftatbestandes überprüft. Diese Möglichkeit ist aber nur zumutbar, wenn das Verbot nicht straf- oder bußgeldbewehrt ist.

Daher steht der Grundsatz der Subsidiarität der Zulässigkeit der Verfassungsbeschwerde nicht entgegen.

VII. Die **Frist**, § 93 Abs. 3 BVerfGG, von einem Jahr ist eingehalten.

Ergebnis: Die Verfassungsbeschwerde ist zulässig.

Fall 41: Verfassungsbeschwerde, Beschwerdebefugnis
(Abwandlung zu Fall 30)

Der Bund beschließt formell ordnungsgemäß ein neues „Gesetz zur Regelung einer Altersgrenze für Autofahrer (AgfAG)". Das Gesetz sieht vor, dass die Fahrerlaubnis der Klassen B und C1 (Klasse 3 a.F.) mit dem Tage der Vollendung des 75. Lebensjahres automatisch erlischt; der Fahrerlaubnisinhaber muss der Fahrerlaubnisbehörde den Führerschein unverzüglich zur Korrektur vorlegen. Das Gesetz wird damit begründet, dass mit zunehmendem Alter die körperliche Leistungsfähigkeit (Reaktionen, Sehkraft etc.) abnehme und dadurch vermehrt Gefahren im Straßenverkehr auftreten.

Der 74-jährige Rentner F fährt seit über 40 Jahren unfallfrei und ist völlig empört. Er sieht sich in unzulässiger Weise in seiner freien Entfaltung der Persönlichkeit und seiner Bewegungsfreiheit beschränkt. Zum einen wären ältere Verkehrsteilnehmer statistisch gesehen nicht häufiger in Unfälle verwickelt als junge, zumindest bezogen auf schwere Unfälle. Zum anderen hätte der Gesetzgeber auch weniger einschneidende Maßnahmen wählen können, wie z.B. Gesundheitschecks. Außerdem sei es nicht einsichtig, warum das Gesetz nur für die Fahrerlaubnis der Klassen B und C1, nicht aber für die Klasse A (Klasse 1 a.F.) gelte. Dies stelle einen offensichtlichen Verstoß gegen den Gleichbehandlungsgrundsatz dar.

Zwei Monate nach Inkrafttreten des Gesetzes erhebt der F eine Verfassungsbeschwerde gegen das Gesetz, mit der er geltend macht, in seinen Grundrechten aus Art. 2, 3 und 11 GG verletzt zu sein. Ist die Verfassungsbeschwerde zulässig?

Die Verfassungsbeschwerde des F gegen das Gesetz wäre zulässig, wenn die Sachentscheidungsvoraussetzungen gegeben sind.

I. Das BVerfG ist gemäß Art. 93 Abs. 1 Nr. 4a GG, § 13 Nr. 8a BVerfGG **zuständig** für die Entscheidung über eine Verfassungsbeschwerde.

II. F ist als natürliche Person grundrechtsfähig und daher auch **beschwerdefähig**, § 90 Abs. 1 BVerfGG.

III. Tauglicher **Beschwerdegegenstand** ist nach § 90 Abs. 1 BVerfGG jeder Akt der öffentlichen Gewalt. F wehrt sich im Rahmen einer Rechtssatz-Verfassungsbeschwerde gegen das AgfAG.

IV. Die Verfassungsbeschwerde setzt voraus, dass der Beschwerdeführer behaupten kann, in seinen Grundrechten verletzt zu sein (**Beschwerdebefugnis**, § 90 Abs. 1 BVerfGG).

1. F kann geltend machen, möglicherweise in einem seiner Grundrechte aus Art. 11, 2 Abs. 1, 3 Abs. 1 GG verletzt zu sein.

2. Des Weiteren muss der F **selbst, gegenwärtig und unmittelbar** betroffen sein.

a) F ist Träger der vorgenannten Grundrechte und somit **selbst betroffen**.

b) Fraglich ist, ob er auch **gegenwärtig** betroffen ist. Die gegenwärtige Betroffenheit fehlt, wenn der Beschwerdeführer nur irgendwann einmal in der Zukunft betroffen sein könnte. F ist erst 74 Jahre alt, sodass es noch ca. ein Jahr dauert, bis er von der gesetzlichen Regelung betroffen wird. Allerdings ist eine Verfassungsbeschwerde zulässig, wenn ein Gesetz den Normadressaten bereits gegenwärtig zu später nicht mehr korrigierbaren Entscheidungen zwingt. F wird durch das Gesetz bereits jetzt gezwungen, sich im Hinblick auf seine spätere Mobilität einzurichten. Er muss z.B. darüber nachdenken, ob er sein Auto verkauft oder evtl. aus einem ländlichen Gebiet in eine Stadt zieht. Dabei ist zu berücksichtigen, dass der F bereits 74 Jahre alt ist und damit kurz vor Erreichen der neuen Altersgrenze steht. F ist gegenwärtig betroffen.

c) Eine **unmittelbare Betroffenheit** liegt vor, wenn es zu einer möglichen Grundrechtsverletzung keines weiteren Vollzugsaktes mehr bedarf. Hier erlischt die Fahrerlaubnis automatisch, ohne dass ein weiterer Vollzugsakt erforderlich ist.

F ist selbst, gegenwärtig und unmittelbar betroffen und somit beschwerdebefugt.

V. Ein Rechtsweg ist gegen Parlamentsgesetze nicht gegeben, sodass die **Rechtswegerschöpfung** (§ 90 Abs. 2 BVerfGG) der Zulässigkeit der Verfassungsbeschwerde nicht entgegen steht.

VI. In diesen Fällen hat das BVerfG aber zusätzlich den **Grundsatz der Subsidiarität** entwickelt. Danach ist eine Verfassungsbeschwerde auch dann unzulässig, wenn es dem Bürger zumutbar und möglich ist, fachgerichtlichen Inzident-Rechtsschutz in Anspruch zu nehmen. Hier könnte F überlegen, ob er vorsätzlich gegen das AgfAG verstößt und damit eine Strafverfolgung provoziert. Sollte der F dann wegen Fahrens ohne Fahrerlaubnis verurteilt werden, könnte er gegen die strafgerichtliche Verurteilung vorgehen und gegen das letztinstanzliche Urteil eine Verfassungsbeschwerde führen. Die Provokation einer strafgerichtlichen Verurteilung ist einem Bürger allerdings nicht zumutbar, sodass der Grundsatz der Subsidiarität nicht zur Unzulässigkeit der Verfassungsbeschwerde führt.

VII. Die **Form** (§§ 23 Abs. 1, 92 BVerfGG) und die **Frist** (§ 93 Abs. 3 BVerfGG) sind eingehalten.

Ergebnis: Damit liegen die Sachentscheidungsvoraussetzungen für die Verfassungsbeschwerde vor. Die Verfassungsbeschwerde ist zulässig.

Fall 42: Verfassungsbeschwerde, Beschwerdefähigkeit, Beschwerdebefugnis

Der Schriftsteller Klaus Mann verfasste 1936 im Exil das Buch „Mephisto – Roman einer Karriere“. Der Roman schildert den Aufstieg des hochbegabten Schauspielers Hendrik Höfgen, der seine politische Überzeugung verleugnet, um im Pakt mit den NS-Machthabern eine künstlerische Karriere zu machen. Unschwer erkennbar diente als Vorbild für die Romanfigur des Hendrik Höfgen der 1963 verstorbene Schauspieler und Generalintendant Gustav Gründgens (G). Der Adoptivsohn und Alleinerbe Gründgens verlangte aufgrund zahlreicher Unwahrheiten im Jahre 1964 in einem gegen den Verleger angestrengten Zivilprozess aus § 1004 BGB den Ausspruch eines Verbots, den Roman zu vervielfältigen, zu vertreiben und zu veröffentlichen. Der Adoptivsohn berief sich auf das dem verstorbenen Gustav Gründgens zustehende Persönlichkeitsrecht aus Art. 2 Abs. 1 i.V.m. Art. 1 Abs. 1 GG.

Könnte der Adoptivsohn gegen eine negative letztinstanzliche Entscheidung mit einer Verfassungsbeschwerde vorgehen?

Der Adoptivsohn könnte gegen eine letztinstanzliche Entscheidung mit einer Verfassungsbeschwerde vorgehen, wenn diese zulässig ist.

I. Das BVerfG ist gemäß Art. 93 Abs. 1 Nr. 4a GG, § 13 Nr. 8a BVerfGG **zuständig** für die Entscheidung über eine Verfassungsbeschwerde.

II. Dann müsste der Adoptivsohn auch **beschwerdefähig** sein, § 90 Abs. 1 BVerfGG. Gemäß § 90 Abs. 1 BVerfGG kann „jedermann“ die Verfassungsbeschwerde erheben. Dies ist **jede grundrechtsfähige Person**. Fraglich ist, ob der Verstorbene G noch Träger von Grundrechten sein kann.

Nach der Rechtsprechung des BVerfG würde es mit dem verfassungsverbürgten Verbot der Unverletzlichkeit der Menschenwürde, das allen Grundrechten zugrunde liegt, unvereinbar sein, wenn der Mensch, dem Würde kraft seines Personseins zukommt, in diesem allgemeinen Achtungsanspruch nach seinem Tode herabgewürdigt und erniedrigt werden dürfte. Dementsprechend endet die durch Art. 1 Abs. 1 GG aller staatlichen Gewalt auferlegte Verpflichtung, dem einzelnen Schutz gegen Angriffe auf seine Menschenwürde zu gewähren, nicht mit dem Tode, sondern wirkt über den Tod hinaus (sog. **postmortales Persönlichkeitsrecht**).[64] Aus diesem Grunde war 1964 der Ehrschutz zugunsten Gründgens noch anwendbar. G war beschwerdefähig.

Beachte: Das „postmortale Persönlichkeitsrecht“ aus Art. 2 Abs. 1 i.V.m. Art. 1 Abs. 1 GG betrifft nur den „Würdeanteil“, nicht hingegen andere Ausformungen des APR (z.B. wirtschaftliche Vorteile); anders im Zivilrecht nach der Rechtsprechung des BGH.[62] Das postmortale Persönlichkeitsrecht kann **prämortal** geltend gemacht werden.[63]

III. Problematisch könnte die **Prozessfähigkeit** sein. Die Prozessfähigkeit betrifft die Frage, ob sich eine natürliche Person selbstständig auf ihre Grundrechte berufen kann, also insbesondere selbst Verfahrenshandlungen vor dem BVerfG vornehmen kann. Entscheidend ist dabei die **Grundrechtsmündigkeit** der Person.

62 Vgl. auch BVerfG NJW 2006, 3409.

63 BayVGH RÜ 2018, 531.

64 BVerfGE 30, 173 (Mephisto).

G kann als Verstorbener selbst nicht mehr Verfahrenshandlungen vor dem BVerfG vornehmen. Aus diesem Grunde ist es bei Bejahung der Grundrechtsfähigkeit des Verstorbenen logisch, das Recht der Geltendmachung dem Erben zu übertragen.[65]

Die Prozessfähigkeit ist danach gegeben.

IV. Als tauglicher **Beschwerdegegenstand**, § 90 Abs. 1 BVerfGG, kommt im Rahmen einer Urteils-Verfassungsbeschwerde das letztinstanzliche Urteil in Betracht.

V. Daneben müsste auch die **Beschwerdebefugnis** gemäß § 90 Abs. 1 BVerfGG gegeben sein.

1. Der Beschwerdeführer müsste gemäß § 90 Abs. 1 BVerfGG auch behaupten können, in einem seiner Grundrechte verletzt zu sein, d.h., es muss zumindest **möglich** sein, dass er in seinen Grundrechten verletzt ist.

Vorliegend kommt eine Verletzung des APR, Art. 2 Abs. 1 i.V.m. Art. 1 Abs. 1 GG in Betracht. Das ist jedoch nur dann möglich, wenn das Zivilgericht bei der Anwendung des § 1004 BGB die Grundrechte zu beachten hatte.

a) Grundrechte sind in erster Linie Abwehrrechte des Bürgers gegen den Staat, Art. 1 Abs. 3 GG. Die mögliche Verletzung beruht hier nicht auf einem staatlichen Verhalten, sondern auf einer privatrechtlichen Betätigung des Verlegers, sodass die Verletzung durch einen Akt öffentlicher Gewalt ausgeschlossen sein könnte. Diese Frage wird unterschiedlich beurteilt.

aa) Für die unmittelbare Geltung der Grundrechte im Privatrechtsverkehr spricht, dass auch „bei den privatrechtlichen Ansprüchen nicht andere als staatliche Gewalt in Form von Geboten und Verboten vorliegt". Auch Privatrecht ist staatlich gesetztes Recht. Die Richter handeln bei der Entscheidung von Zivilrechtsstreitigkeiten hoheitlich und sind durch Art. 1 Abs. 3 GG den Grundrechten unterworfen.[66]

bb) Dagegen geht die heute h.M. von einer nur **mittelbaren Drittwirkung** der Grundrechte aus. Die Grundrechte enthalten nicht nur subjektiv-öffentliche Abwehrrechte, sondern auch objektive Wertentscheidungen, die für alle Bereiche des Rechts gelten. Daraus ergibt sich, dass weder zivilrechtliche Rechtsvorschriften in Widerspruch zu den Grundrechten stehen dürfen, noch Grundrechte bei der Auslegung und Fortbildung zivilrechtlicher Vorschriften durch die Gerichte unberücksichtigt bleiben dürfen. Die Grundrechte wirken mittelbar auf das Privatrechtsverhältnis der Bürger untereinander, da der Richter bei der Auslegung unbestimmter Rechtsbegriffe und Generalklauseln sowie bei der richterlichen Rechtsfortbildung Grundrechte zu beachten hat.

b) Danach können Grundrechte eine mittelbare Drittwirkung im Zivilrecht haben, wenn bei der Verwendung unbestimmter Rechtsbegriffe oder Generalklauseln im Zivilrecht eine sog. Einbruchstelle für die Grundrechtsanwendung bei Auslegung der gesetzlichen Tatbestandsmerkmale besteht.

65 So BVerfGE 30, 173.

66 So noch Schwabe, Die sogenannte Drittwirkung, 1971.

Eine solche Einbruchstelle ergibt sich vorliegend über die analoge Anwendung des § 1004 BGB auf das allgemeine Persönlichkeitsrecht, sodass das Zivilgericht das APR des G zu beachten hatte. Eine mögliche Grundrechtsverletzung ist gegeben.

2. Ein Urteil betrifft den Beschwerdeführer auch **selbst**, **gegenwärtig** und **unmittelbar**.

VI. Der **Rechtsweg** ist **erschöpft**, § 90 Abs. 2 BVerfGG.

VII. Andere prozessuale Möglichkeiten zur Vermeidung oder Beseitigung der geltend gemachten Grundrechtsverletzung bestehen nicht, sodass die Verfassungsbeschwerde **nicht subsidiär** ist.

VIII. Von der Einhaltung der **Formvorschriften** (§§ 23 Abs. 1, 92 BVerfGG) und der **Monatsfrist** gemäß § 93 Abs. 1 BVerfGG ist auszugehen.

Ergebnis: Die Verfassungsbeschwerde ist zulässig. Der Adoptivsohn könnte gegen eine letztinstanzliche Entscheidung mit einer Verfassungsbeschwerde vorgehen.

Fall 43: Verfassungsbeschwerde, Grundsatz der Subsidiarität
(Abwandlung zu Fall 27)

Unternehmer U erwirbt für 200.000 € mehrere Grundstücke, die – romantisch gelegen – in die noch völlig unberührte Wald- und Wiesenlandschaft „Ruhrweiher" am Rande eines kleinen Sees im Bundesland L eingebettet sind. U möchte dort ein exklusives Naturhotel errichten. Geplant ist insbesondere, dass „gut betuchte" Gäste in dem Hotel einen Entspannungs- und Wellnessurlaub verbringen können. Noch bevor U seine Pläne verwirklichen kann, stellt die Landesregierung des Bundeslandes L durch eine formell rechtmäßige Verordnung das ganze Gebiet unter Naturschutz.

Nach der VO ist es insbesondere verboten, das Gebiet außerhalb der Straßen und Wege zu betreten, zu zelten, in dem See zu baden oder diesen sonst zu nutzen. U meint, er sei in seinem Eigentumsgrundrecht verletzt, da er seine Grundstücke nunmehr nicht wie geplant nutzen könne. Eine Sanktion für den Verstoß gegen das Verbot sieht die VO nicht vor.

Wäre eine direkt erhobene Verfassungsbeschwerde gegen die VO zulässig?

Anmerkung: *Gehen Sie davon aus, dass im Bundesland L eine Regelung i.S.v. § 47 Abs. 1 Nr. 2 VwGO nicht besteht.*

Fraglich ist, ob die Verfassungsbeschwerde zulässig ist.

I. Das BVerfG ist gemäß Art. 93 Abs. 1 Nr. 4a GG, § 13 Nr. 8a BVerfGG **zuständig** für die Entscheidung über eine Verfassungsbeschwerde.

II. U ist als natürliche Person Träger der Grundrechte und damit **beschwerdefähig** nach § 90 Abs. 1 BVerfGG.

III. Die Landes-Rechtsverordnung ist als **Gesetz im materiellen Sinne** tauglicher **Beschwerdegegenstand**, § 90 Abs. 1 BVerfGG.

IV. Es müsste auch die **Beschwerdebefugnis** gemäß § 90 Abs. 1 BVerfGG gegeben sein.

1. U ist **möglicherweise** in seinem Grundrecht aus **Art. 14 GG** verletzt.

2. Daneben müsste eine **eigene, gegenwärtige und unmittelbare Betroffenheit** des U gegeben sein.

a) U ist durch die Rechtsverordnung selbst und gegenwärtig betroffen.

self-executing-Norm: Eine Rechtsnorm, die nicht mehr von der Verwaltung umgesetzt werden muss, sondern „sich selbst vollzieht".

b) Fraglich ist hingegen, ob der U auch **unmittelbar** betroffen ist. Dies ist bei Rechtsnormen, die noch von der Verwaltung vollzogen werden müssen, nicht gegeben. Die Naturschutz-VO enthält jedoch ein Verbot, welches automatisch und ohne weitere Vollzugsakte der Verwaltung gilt. Es handelt sich um eine sog. **„self-executing-Norm"**, sodass der U auch unmittelbar betroffen ist.

U ist daher beschwerdebefugt.

V. Gemäß § 90 Abs. 2 S. 1 BVerfGG muss vor Erhebung der Verfassungsbeschwerde zunächst der **Rechtsweg erschöpft** sein. Fraglich ist, ob es vor den Fachgerichten eine Rechtsschutzmöglichkeit gegen die landesrechtliche Rechtsverordnung gibt. In Betracht kommt ein abstraktes Normenkontrollverfahren vor dem OVG gemäß § 47 Abs. 1 Nr. 2 VwGO. Diese Möglichkeit ist allerdings nur gegeben, wenn der Landesgesetzgeber dies bestimmt hat. Entsprechend der Anmerkung zum Fall hat der Gesetzgeber im Bundesland L davon keinen Gebrauch gemacht, sodass ein Rechtsweg gegen die VO selbst nicht gegeben ist.

VI. Nach dem vom BVerfG entwickelten **Grundsatz der Subsidiarität** der Verfassungsbeschwerde ist eine Rechtssatz-Verfassungsbeschwerde trotz des nicht vorhandenen Rechtsweges unzulässig, wenn es dem Beschwerdeführer **zumutbar** und **möglich** ist, zunächst vor den Fachgerichten die Norm inzidenter überprüfen zu lassen. Vorliegend kommen dafür zwei Möglichkeiten in Betracht: Zum einen könnte U gegen das Verbot verstoßen und dann auf eine entsprechende Verbotsverfügung durch die zuständige Behörde warten. Dann könnte er gegen die Verbotsverfügung im Rahmen einer Anfechtungsklage vor den Verwaltungsgerichten klagen. Bedenken hinsichtlich der Zumutbarkeit bestehen insoweit nicht. Ein Verstoß gegen die VO ist weder straf- noch bußgeldbewehrt. Zum anderen kommt eine Feststellungsklage vor den Verwaltungsgerichten gemäß § 43 VwGO in Betracht. Damit könnte U feststellen lassen, ob die Verbote aus der VO auch für ihn gelten, also ob auch er nicht berechtigt ist, den Wald, den See usw. zu nutzen.

Eine abstrakte Normenkontrolle nach § 47 VwGO scheidet hingegen aufgrund des Bearbeitungsvermerks aus.

Ergebnis: Aus diesem Grunde wäre eine Verfassungsbeschwerde zum jetzigen Zeitpunkt unzulässig.

Fall 44: Verfassungsbeschwerde, Frist

Durch die Neuregelung des § 22a PolG des Landes L werden die Polizeibehörden ermächtigt, durch technische Hilfsmittel automatisch die Kennzeichen vorbeifahrender Fahrzeuge zu erfassen. Dabei fertigt ein Kamerasystem zunächst Abbildungen der Kennzeichen vorbeifahrender Fahrzeuge an. Das Kennzeichen wird mit einer auf einem angeschlossenen Laptop hinterlegten Datenbank abgeglichen, die alle zur Fahndung ausgeschriebenen Kfz-Kennzeichen enthält. Liefert der Abgleich keinen Treffer (Nichttreffer), wird das Bild unverzüglich gelöscht. Meldet das Programm einen Treffer, wird das Bild gespeichert und auf dem Bildschirm angezeigt. Polizeibeamte prüfen, ob das Bild und das im Fahndungsbestand gespeicherte Kennzeichen übereinstimmen. Ist dies nicht der Fall (unechter Treffer), löscht ein Polizeibeamter den gesamten Vorgang. Sofern die Überprüfung einen Treffer bestätigt (Trefferfall), werden die Daten gespeichert und ggf. weitere polizeiliche Maßnahmen in die Wege geleitet. Weder Fahrzeugführer noch -halter werden über die Kennzeichenkontrolle informiert.

B, der seinen Wohnsitz im Land L hat, Halter eines Kfz ist und als Pendler regelmäßig mit dem Fahrzeug unterwegs ist erfährt sechs Monate nach dem Inkrafttreten des § 22a PolG von der Norm und erhebt beim Verwaltungsgericht eine Klage auf Feststellung der Rechtswidrigkeit der Kennzeichenüberwachung. Es sei wahrscheinlich, dass er von der automatischen Kennzeichenkontrolle erfasst würde. Diese sei aufgrund der verfassungswidrigen Ermächtigungsgrundlage rechtswidrig; die Norm verletze das Recht auf informationelle Selbstbestimmung.

Das Verwaltungsgericht weist die Klage als unstatthaft und damit unzulässig ab. Mit der Feststellungsklage könne nicht losgelöst von einer eigenen, konkret feststehenden Betroffenheit die Rechtmäßigkeit einer behördlichen Maßnahme überprüft werden. Berufung und Revision bestätigen die Klageabweisung als unzulässig. Das Verfahren nimmt vier Jahre in Anspruch. Drei Wochen nach Zustellung der Revisionsentscheidung erhebt B formgerecht Verfassungsbeschwerde zum BVerfG und wendet sich dabei ausschließlich gegen § 22a PolG. Das Land L trägt vor, die Verfassungsbeschwerde sei unzulässig, insbesondere verfristet. Ist die Verfassungsbeschwerde zulässig?

Die Verfassungsbeschwerde könnte zulässig sein.

I. Gemäß Art. 93 Abs. 1 Nr. 4a GG, § 13 Nr. 8a BVerfGG ist das BVerfG für die Entscheidung über die Verfassungsbeschwerde **zuständig**.

II. B ist als natürliche Person grundrechtsfähig und damit **beteiligtenfähig** i.S.d. § 90 Abs. 1 BVerfGG.

Weitere Informationen zu diesem Fall finden Sie in der Videobesprechung:

III. Tauglicher **Beschwerdegegenstand** ist gemäß § 90 Abs. 1 BVerfGG jeder Akt der öffentlichen Gewalt. B wehrt sich mit seiner Verfassungsbeschwerde gegen § 22a PolG, einem Akt der öffentlichen Gewalt. Es liegt eine **Rechtssatzverfassungsbeschwerde** vor.

IV. Die **Beschwerdebefugnis** nach § 90 Abs. 1 BVerfGG ist gegeben, wenn sich aus dem Vortrag des Beschwerdeführers ergibt, dass durch den Akt der öffentlichen Gewalt eine Grundrechtsverletzung möglich ist (sog. Möglichkeitstheorie). Diese Möglichkeit ist nur dann zu verneinen, wenn die Grundrechtsverletzung offenbar ausgeschlossen ist.

1. B müsste demnach geltend machen können, durch § 22a PolG in einem seiner Grundrechte möglicherweise verletzt zu sein. In Betracht kommt hier das **Recht auf informationelle Selbstbestimmung** als Ausprägung des allgemeinen Persönlichkeitsrechts aus Art. 2 Abs. 1 i.V.m. Art. 1 Abs. 1 GG. Dieses Recht umfasst die Befugnis des Einzelnen, grundsätzlich selbst zu entscheiden, wann und innerhalb welcher Grenzen persönliche Lebenssachverhalte offenbart werden und beinhaltet insoweit den Schutz des Einzelnen vor einer unbegrenzten Erhebung, Speicherung, Verwendung und Weitergabe personenbezogener Daten. Durch die Kennzeichenerfassungsanlage werden die Kfz-Kennzeichen der vorbeifahrenden Fahrzeuge erfasst und verarbeitet. Über diese Kennzeichen lässt sich der Halter des Fahrzeugs ermitteln, sodass bereits das Kennzeichen selbst ein personenbezogenes Datum darstellt. Durch die Erfassung und Verarbeitung des Kennzeichens beim Abprüfen mit dem Fahndungsbestand ist eine Verletzung des Rechts auf informationelle Selbstbestimmung jedenfalls nicht ausgeschlossen, sodass B möglicherweise in seinen Grundrechten verletzt ist.

2. Daneben müsste B auch **selbst, gegenwärtig** und **unmittelbar** betroffen sein. Fraglich ist insofern, ob B unmittelbar betroffen ist.

Die unmittelbare Betroffenheit liegt vor, wenn der angegriffene Akt selbst und nicht erst ein zusätzlicher Vollzugsakt in das Grundrecht des Beschwerdeführers eingreift. Da die meisten Rechtsnormen eines zusätzlichen Vollzugsaktes in Form der Anwendung auf den konkreten Einzelfall bedürfen (z.B. in Form eines Verwaltungsaktes durch die zuständige Behörde), ist diese Voraussetzung im Rahmen von Rechtssatzverfassungsbeschwerden nur zu bejahen, wenn sich diese gegen eine **self-executing-Norm** richtet. Unmittelbar wirkt ein Gesetz dabei, wenn es seine rechtliche Wirkung ohne vermittelnden Vollzugsakt entfaltet (z.B. Gebote oder Verbote).

a) § 22a PolG ermächtigt die Polizeibehörden, eine Kennzeichenerfassungsanlage zu betreiben, mit dieser Kennzeichen aufzuzeichnen und die so erfassten Kennzeichen mit dem Fahndungsbestand abzugleichen. Er stellt somit eine Ermächtigungsgrundlage, aber gerade keine self-executing-Norm dar.

b) Gleichwohl könnte B durch die Norm selbst schon unmittelbar in seinem Recht auf informationelle Selbstbestimmung betroffen sein. Insofern ist zu berücksichtigen, dass Fahrzeugführer und -halter die Kennzeichenerfassung nicht mitgeteilt wird und werden muss sowie – zumindest in den Fällen des Nichttreffers oder unechten Treffers – die im Verborgenen stattfindende Maßnahme auch mangels Anschlussmaßnahmen der Polizei **unbemerkt** bleibt. Dies hätte zur Folge, dass gerichtlicher Rechtsschutz gegen die Maßnahme nicht in Anspruch genommen werden könnte. Wendet sich der Beschwerdeführer – wie hier – gegen ein Gesetz, das zu **heimlichen Maßnahmen** ermächtigt, ist er nur dann nicht durch die Vorschrift unmittelbar betroffen, wenn die spätere Kenntniserlangung des Betroffenen durch eine aktive Informationspflicht des Staates rechtlich gesichert ist.

Eine derartige aktive Informationspflicht sieht § 22a PolG hingegen nicht vor, sodass B nicht erst von der Kennzeichenerfassung, sondern bereits durch die Ermöglichung und somit durch § 22a PolG selbst unmittelbar betroffen ist.[67]

B ist beschwerdebefugt.

V. Fraglich ist, ob B vor Anrufung des BVerfG den fachgerichtlichen **Rechtsweg erschöpft** hat bzw. erschöpfen konnte, § 90 Abs. 2 S. 1 BVerfGG.

Das PolG des Landes L ist ein Landesparlamentsgesetz, gegen das ein Rechtsweg nicht offensteht (vgl. auch § 93 Abs. 3 BVerfGG). Grundsätzlich ist damit die Verfassungsbeschwerde ohne vorherigen fachgerichtlichen Rechtsschutz zulässig.

VI. Das BVerfG verlangt über die formale Erschöpfung des Rechtswegs hinaus nach dem **Grundsatz der Subsidiarität**, dass der Beschwerdeführer vor Erhebung einer Verfassungsbeschwerde **alle** zur Verfügung stehenden prozessualen Möglichkeiten ergreift, um eine Korrektur der geltend gemachten Verfassungsverletzung zu erwirken oder eine Grundrechtsverletzung zu verhindern. Das gilt auch, wenn zweifelhaft ist, ob ein entsprechender Rechtsbehelf statthaft ist und im konkreten Fall in zulässiger Weise eingelegt werden kann.

1. Für B bestand deshalb einerseits die Möglichkeit, durch die Verwaltungsgerichtsbarkeit klären zu lassen, ob die Anwendung der Norm, also die Kennzeichenkontrolle als solche, rechtmäßig durchgeführt werden kann. Hierfür kommt die Feststellungsklage gemäß § 43 Abs. 1 VwGO in Betracht. Andererseits ist aber auch denkbar, dass B sich mit dem allgemeinen öffentlich-rechtlichen Abwehr- und Unterlassungsanspruch gegen eine Vollziehung der Norm ihm gegenüber wehrt. Hierfür kommt die in der VwGO nicht geregelte, aber mehrfach erwähnte (vgl. §§ 43 Abs. 2, 111 VwGO) allgemeine Leistungsklage in Betracht.

2. Einen solchen fachgerichtlichen Rechtsschutz muss der Beschwerdeführer nur dann nicht durchführen, wenn eine **Ausnahme** von der Subsidiarität eingreift. Eine solche Ausnahme besteht, wenn es allein um spezifisch verfassungsrechtliche Fragen geht, die das BVerfG zu beantworten hat, wenn die Regelung den Beschwerdeführer zu gewichtigen Dispositionen zwingt, die später nicht mehr korrigiert werden können, wenn die Anrufung der Fachgerichte offensichtlich sinn- und aussichtslos wäre oder wenn die Anrufung der Fachgerichte sonst **nicht zumutbar** ist.

Eine solche Ausnahme griff vorliegend nicht ein. B hat deshalb richtigerweise Feststellungsklage vor dem Verwaltungsgericht erhoben. Er hat alle Instanzen der Verwaltungsgerichtsbarkeit erschöpft, sodass seine nunmehr erhobene Verfassungsbeschwerde nicht subsidiär ist.

VII. Allerdings könnte die Verfassungsbeschwerde **verfristet** sein.

1. Die Rechtssatzverfassungsbeschwerde ist nach § 93 Abs. 3 BVerfGG binnen **eines Jahres seit dem Inkrafttreten** des Gesetzes zu erheben. Diese Frist war bei der Erhebung der Verfassungsbeschwerde (viereinhalb Jahre nach dem Inkrafttreten) verstrichen.

67 BVerfG RÜ 2019, 243, 244.

2. Bei dieser Betrachtung bliebe jedoch unberücksichtigt, dass es zu dieser Fristversäumnis nur durch die Anrufung der Fachgerichtsbarkeit gekommen ist, **zu der B aufgrund des Grundsatzes der Subsidiarität verpflichtet war**.

Leitet der Beschwerdeführer fachgerichtlichen Rechtsschutz gegen die Wirkungen eines Gesetzes ein und wird dieses Begehren von den Fachgerichten letztlich als unstatthaft oder aus anderen Gründen als unzulässig beurteilt und die jeweilige Klage somit durch Prozessurteil abgewiesen, scheidet eine Urteilsverfassungsbeschwerde aus, da die Fachgerichte sich inhaltlich nicht mit der gerügten Grundrechtsverletzung befasst haben. Um dem Beschwerdeführer in diesem Fall den Weg zur Verfassungsbeschwerde nicht zu verschließen, ist eine rechtsschutzfreundliche Auslegung der gesetzlichen Fristen des § 93 BVerfGG erforderlich. Die Verfassungsbeschwerde ist in diesem Fall vielmehr fristgemäß erhoben, wenn der Beschwerdeführer **den fachgerichtlichen Rechtsschutz** gegen das Gesetz **innerhalb eines Jahres** nach dessen Inkrafttreten anhängig gemacht hat (Rechtsgedanke des § 93 Abs. 3 BVerfGG) **und** analog § 93 Abs. 1 S. 1 BVerfGG **binnen eines Monats** nach Zustellung des abweisenden Prozessurteils **Rechtssatzverfassungsbeschwerde** erhoben hat.

B hat das Verwaltungsgericht sechs Monate nach dem Inkrafttreten der Norm angerufen und gegen die erstinstanzliche Klageabweisung als unzulässig durch Prozessurteil erfolglos das Berufungs- sowie das Revisionsverfahren durchlaufen. Die Rechtssatzverfassungsbeschwerde gegen § 22a PolG hat er drei Wochen nach der Zustellung des Revisionsurteils erhoben, sodass er die Frist nach den vorgenannten Grundsätzen eingehalten hat.

VIII. Die **Formvorgaben** (§§ 23 Abs. 1, 92 BVerfGG) wurden ebenfalls eingehalten.

Ergebnis: Die von B erhobene Verfassungsbeschwerde ist damit zulässig.

Fall 45: Verfassungsbeschwerde und europäische Grundrechte

T wurde 1981 wegen zweifachen Mordes und gefährlicher Körperverletzung verurteilt. Das Magazin S veröffentlichte 1982 und 1983 über den Fall drei Artikel in seiner gedruckten Ausgabe, in denen T namentlich genannt wurde. Seit 1999 stellt S die Berichte in einem Onlinearchiv kostenlos zum Abruf bereit. Gibt man den Namen des T in einem gängigen Internetsuchportal ein, werden die Artikel aus dem Magazin S unter den ersten Treffern angezeigt. Nachdem T aus der Haft entlassen wurde, verlangte er von S, es zu unterlassen, über die Straftat unter Nennung seines Familiennamens zu berichten. Nachdem S dies abgelehnt hatte, machte T seinen Unterlassungsanspruch vor dem Landgericht geltend. Dies wies die Klage ab. Berufung und Revision blieben erfolglos.

T fühlt sich in seinem allgemeinen Persönlichkeitsrecht aus Art. 2 Abs. 1 i.V.m. Art. 1 Abs. 1 GG verletzt. Dagegen meint das Magazin S, Art. 85 der DatenschutzgrundVO (DSGVO) der EU erlaube eine Veröffentlichung. Aus diesem Grunde könne sich der T auch gar nicht auf die Grundrechte des GG berufen.

Das Revisionsgericht führte in der Urteilsbegründung aus, dass sich der T zwar auf seine Grundrechte berufen könne, da Art. 85 DSGVO „gestaltungsoffen" sei. Aber das allgemeine Persönlichkeitsrecht schütze ihn nicht davor, zukünftig nicht mehr mit seiner Straftat konfrontiert zu werden. Dem Informationsinteresse der Öffentlichkeit sowie der Meinungs- und Pressefreiheit der S sei gegenüber dem allgemeinen Persönlichkeitsrecht des T der Vorrang einzuräumen. Die Presse dürfe nicht grundsätzlich auf eine anonymisierte Berichterstattung verwiesen werden.

Daraufhin erhebt T Verfassungsbeschwerde gegen das Urteil des Revisionsgerichts. Ist die Verfassungsbeschwerde zulässig?

Bearbeitungshinweis: Es ist davon auszugehen, dass Art. 85 DSGVO tatsächlich gestaltungsoffenes Unionsrecht darstellt (also nicht „vollständig determiniert"). Art. 85 DSGVO lautet: „Die Mitgliedstaaten bringen durch Rechtsvorschriften das Recht auf den Schutz personenbezogener Daten gemäß dieser Verordnung mit dem Recht auf freie Meinungsäußerung und Informationsfreiheit, einschließlich der Verarbeitung zu journalistischen Zwecken und zu wissenschaftlichen, künstlerischen oder literarischen Zwecken, in Einklang."

Die Verfassungsbeschwerde ist zulässig, wenn die Sachentscheidungsvoraussetzungen gegeben sind.

I. Gemäß Art. 93 Abs. 1 Nr. 4a GG, § 13 Nr. 8a BVerfGG ist das BVerfG für die Entscheidung über die Verfassungsbeschwerde **zuständig**.

II. T ist als natürliche Person grundrechtsfähig und damit **beteiligtenfähig** i.S.d. § 90 Abs. 1 BVerfGG.

III. Tauglicher **Beschwerdegegenstand** ist gemäß § 90 Abs. 1 BVerfGG jeder Akt der öffentlichen Gewalt. T wehrt sich mit seiner Verfassungsbeschwerde gegen das Urteil des Revisionsgerichts, einem Akt der öffentlichen Gewalt. Es liegt eine **Urteilsverfassungsbeschwerde** vor.

IV. Die **Beschwerdebefugnis** nach § 90 Abs. 1 BVerfGG ist gegeben, wenn sich aus dem Vortrag des Beschwerdeführers ergibt, dass durch den Akt der öffentlichen Gewalt eine Grundrechtsverletzung möglich ist (sog. Möglichkeitstheorie). Diese Möglichkeit ist nur dann zu verneinen, wenn die Grundrechtsverletzung offenbar ausgeschlossen ist.

1. Fraglich ist bereits, ob der **Prüfungsmaßstab** deutsche oder europäische Grundrechte sind. Grundsätzlich ergibt sich aus Art. 1 Abs. 3, 20 Abs. 3, 93 Abs. 1 Nr. 4a GG, dass das BVerfG die Vereinbarkeit der Anwendung innerstaatlichen Rechts mit dem Grundgesetz zu prüfen hat. Etwas anderes könnte sich **aus Art. 51 Abs. 1 S. 1 Hs. 2 GRCh** ergeben. Danach gelten die Grundrechte der GRCh für die Mitgliedstaaten ausschließlich bei der Durchführung des Rechts der Union. Hierunter fallen in erster Linie die Umsetzung und **Anwendung von Unionsrecht** durch deutsche Institutionen und Behörden.

Allerdings prüft das BVerfG innerstaatliches Recht und dessen Anwendung grundsätzlich auch dann **am Maßstab der Grundrechte des GG**, wenn es **zwar im Anwendungsbereich des Unionsrechts** liegt, **aber** durch das Unionsrecht **nicht vollständig determiniert ist**.[68]

Soweit das Unionsrecht zwingende Vorgaben für alle Mitgliedsstaaten der Union schafft, also vollständig vereinheitlicht oder determiniert, würde eine Anwendung der nationalen Grundrechte dazu führen können, dass eine **einheitliche Wirkung des Unionsrechtes** nicht in allen Mitgliedsstaaten gewährleistet wäre. Dies würde dazu führen, dass das im Anwendungsvorrang stehende (und damit höherrangige Unionsrecht) durch die Mitgliedsstaaten unterlaufen werden könnte. Soweit dagegen das Unionsrecht den Mitgliedsstaaten **Gestaltungsspielräume** überlässt (also nicht vollständig determiniert), **bedarf es keines einheitlichen Grundrechtsschutzes** in allen Mitgliedsstaaten, sodass die **nationalen Grundrechte anwendbar** bleiben.

Art. 85 DSGVO stellt **gestaltungsoffenes** Unionsrecht dar. Demzufolge sind die Grundrechte des GG der richtige Prüfungsmaßstab.

2. Gegen eine Anwendbarkeit der deutschen Grundrechte könnte jedoch sprechen, dass sich T gegen ein Urteil in einem Zivilrechtsstreit wendet.

In Streitigkeiten zwischen Privaten entfalten die Grundrechte ihre Wirkung im Wege der **mittelbaren Drittwirkung**. Danach verpflichten sie die Privaten zwar nicht unmittelbar untereinander selbst. Sie entfalten jedoch auch auf die privatrechtlichen Rechtsbeziehungen Ausstrahlungswirkung und sind von den Fachgerichten, insbesondere über zivilrechtliche Generalklauseln und unbestimmte Rechtsbegriffe, bei der Auslegung des Fachrechts zur Geltung zu bringen. Bei der **Auslegung und Anwendung der zivilrechtlichen Vorschriften** müssen die zuständigen Gerichte die betroffenen Grundrechte und die in ihnen enthaltene **Werteordnung** interpretationsleitend berücksichtigen.

Nach § 1004 Abs. 2 BGB analog ist der von T geltend gemachte Unterlassungsanspruch ausgeschlossen, wenn der Betroffene den Eingriff zu dulden hat. Diese nicht näher definierte Duldungspflicht muss bei der Rechtsanwendung durch die Zivilgerichte unter Berücksichtigung der Grund-

68 BVerfG RÜ 2020, 109, 110.

rechte ausgelegt werden. Die Grundrechte entfalten demnach mittelbare Drittwirkung.

3. Dann müsste eine Grundrechtsverletzung des T auch **möglich** sein. Zugunsten des T könnte das **aus Art. 2 Abs. 1 i.V.m. Art. 1 Abs. 1 GG abzuleitende allgemeine Persönlichkeitsrecht** eingreifen. Als Ausprägung dieses Rechts kommt der **Schutz vor personenbezogener Berichterstattung** in Betracht, die sich abträglich auf das Ansehen der Person in der Öffentlichkeit auswirken kann. Damit ist eine Verletzung der Grundrechte zumindest möglich.

4. Als Adressat des Urteils ist der T auch **selbst**, **gegenwärtig** und **unmittelbar** betroffen.

T ist daher beschwerdebefugt.

V. Durch die **letztinstanzliche** Entscheidung des BGH ist der **Rechtsweg erschöpft** (§ 90 Abs. 2 S. 1 BVerfGG). Andere Möglichkeiten, die Grundrechtsverletzung abzuwenden, bestehen für T nicht, sodass auch der **Grundsatz der Subsidiarität** der Zulässigkeit der Verfassungsbeschwerde nicht entgegen steht.

VI. Die Form- und Fristvorschriften (§§ 23 Abs. 1, 92, 93 Abs. 1 BVerfGG) sind gewahrt.

Ergebnis: Die Verfassungsbeschwerde des T ist zulässig.

Stichwortverzeichnis

Die Zahlen verweisen auf die Seiten.